RAJKO KRNETA

FARBARI

Roman

RAD

Rajko Krneta
FARBARI

Urednik
JOVICA AĆIN

Recenzent
GOJKO BOŽOVIĆ

I tako, ja sam, čitaoče, jedina sadržina moje knjige. Nije pravo da svoju dokolicu traćiš na tako sujetan i sićušan predmet.

Bog te čuvao, u Montenju, prvog marta 1580.

Mišel de Montenj

MINI – DNEVNIK

Stamford. 23. juni 1989. Došle su zalutale stvari iz Los Anđelesa. Poslao sam čarape za vene u Jugu (subota). Tall – oznaka veličine čarapa.

*

Nedelja 25. juni. Išao sam u crkvu zajedno sa Klejom. Dejv mi je rekao da sutra dođem na posao. Zvao me Mirko iz Čikaga već drugi put!

*

Crkva je svetla, uređena prostorija koja liči na naš nekadašnji vatrogasni dom. Pastor se zove Džo Vizo. Prijatno. Pop--muzika. Peva kvintet devojaka. Klej svira klavijaturu i trubu. Nol udara u bubnjeve. Dejvid je jedan od prvaka crkve. Svi me pozdravljaju sa *haj!* Vodim moguće razgovore s njih nekoliko. Naslućujem temu propovedi. Na desnom zidu crkvene prostorije piše: Veličajmo Gospoda u nama i slavimo njegov dom zajedno. Psalam 343. Na levom zidu stoji: Ali sa Gospodom su sve stvari moguće – Baptisti.

*

Prvi radni dan. 26. juni. Radio sa Klejom. Farbao tri balkonske ograde na kući predsednika *Ameriken ekspresa*. Grinič, naseobina najbogatijih ljudi na svetu. U susedstvu. Pol Njumen, Ringo Star, Lendl itd. Umirao od vrućine na dva koraka od velelepnog bazena! Radili deset sati.

*

Juni 27. Bojimo grede na novoj velikoj kući neke Šveđanke, ja, Brano, Mišo, Nol i Vreb. To je ranč u šumi. Na povratku nam Dejv pokazuje kuću filmske zvezde Silvestera Stalonea.

7

Juni 28. Vidovdan. Čestitao Bojani petnaesti rođendan. Radili smo samo četiri sata. Kiša nas je omela. Ostao mi sat na gradilištu! Častim cimere bocom viskija. Srbo, Brile, Mišo i Rašo. Dejvid i njegovi idu i sredom u crkvu. Povezao me kući mali Nol.

Telefonski račun iznosi šesnaest dolara.

Juli 4. Praznik SAD. Pozvani smo u kuću kod gazde. Sinoć smo Mišo i ja bili u pabu do jedan sat. Pre toga kod gazde: roštilj, stejk, hamburgeri, pepsi kole. Slikali smo se. Vrlo prijatno. Dejv nam pokazao stan, radnu sobu s kompjuterom, fotografije.

Juli 11. 89. Radimo i dalje na kući jednog od prvih brodovlasnika Nju Džersija i njegove žene Šveđanke. Veličinom i tlocrtom kuća liči na osnovnu školu, tamo u zavičaju. Danas isplata. Drugi put razgovarao sa Ljubinkom.

Juli 20./21. Ne radimo. Kiša. The Rain.

Juli 22. Nismo radili. Išli u šoping u Port Čester, vozom. Petnaest, dvadeset minuta trajalo je putovanje. Kupio nož švajcarske vojske. Čistoća, tačnost, organizacija. Sve naj.

Telefonski račun iznosi 68,20 dolara.

Srbinović Bob. Gogoljeva 41. Banovo brdo. Tel. 543-559.

Juli 30. Nekoliko dana ne radimo. Učim engleski. Spremam vegeterijansku hranu. Danas smo obilazili „Tejkselove" – prodaja starih stvari i predmeta po dvorištima kuća na čijim kapijama lebde svezani šareni baloni. Kupio sam dva suvenira.

*

Avgust 13. Podšišao sam se kratko, vojnički.

*

Avgust 14. Sutra ponovo započinjemo posao.

*

Avgust 21. Vagao sam se kod Dejvida. Težina 213 funti ili 96 kila. Intenzivirao učenje engleskog. Smanjio pušenje. Bio u kupovini u robnoj kući Mejsis. Sve je OK.

*

Avgust 31. Imali manji saobraćajni udes. Sve je dobro prošlo. Devojka na biciklu naletela je na naš kombi. Povišenje satnice. Zvao direktora za produžetak neplaćenog odsustva. Dobio usmenu saglasnost. Ostajem još ovde. Razgovarao sa Ljubinkom. Sve OK.

*

Kupiti: ženske naočare *Rej Ban* i tri Barbike. Njujork je najveća ljudska stanica na svetu. U većini stvari su praktičniji od Evrope. Novi svet! Kupiti još: tlakomer i tranzistor za mamu.

*

Septembar 27. jutra su hladna. Od nedelje preseljavam u drugi stan. Bliži se povratak kući. Zvao sam Mirka iz govornice na onu foru s nulom. Putuju isti dan za Jugu iz Čikaga. Ostalo mi je još da kupim nekoliko poklona i neke garderobe. Težak sam devedesetjedan kilogram i u odličnoj sam kondiciji.

*

Oktobar 22. Poslednje veče u Americi. Sinoć sam kasno zaspao. Gledao sam TV. Čitao sam knjigu. Prevodio sam legendu o božićnjoj ruži iz brošure *The good news letters*. To je kratka zgodna priča za učenje jezika. Novorođenog Isusa je u Vitlejemu posetila devojčica i nemajući ničim da ga daruje za-

9

plakala. Anđeli su čuli njeno jecanje i njene krupne suze pre-
tvorili u ruže.

GATEWAY FAITH FELLOWSHIP

MINISTRIES

Pastor:	Joe Vizzo	Muzik & Praise
Deacons:	Gary Tarantino	Christine Vizzo
	Dave Honjlet	Noel Vizzo
	Steve Rarhbun	Dale Capalbo
	Rick Capalbo	Michalelle Chiappetta
	Ray Lockery	Deborah Honjlett

– Counseling –

Prayer & Counseling – for deliverence from drug & alcohol
obuse; and family, job pressures, and depression.

– Statement of Faith –

We believe in

1. The Holy Bible, to be the divinely inspired and only infalli-
ble Njord of God. 2 Tim 3:16
2. The one true God, revealed in the scriptures as Father, Son
and Holy Spirit. Jn 14:26 – 15:26
3. The Diety of our Lord Jesus Christ,...

10

Ovi će romani, malo-pomalo, ustupiti mesto dnevnicima ili autobiografijama, zanosnim knjigama, kada bi čovek samo znao kako da među onim što naziva svojim doživljajima odabere ono što je zaista njegov doživljaj i kako da istinito zabeleži istinu.

Ralf Valdo Emerson

I
CRNI SUSEDI

PORUKA

Od tad je minulo desetleće.

Mi, sezonski farbari, radnici na crno s polugodišnjim američkim vizama, stanovali smo početkom te sezone na prvom spratu drvene dvospratnice koja je ličila na kuću iz nekog vesterna. Ispred kuće bila je neka vrsta trga sred kojeg je rastao stari hrast. Ne znam ko mi je od suseda pokazao granu o koju su vešali konjokradice, revolveraše koji se nisu držali fer-pleja i ponekog crnca uhvaćenog da krade jaja iz kokošinjca. Desno do nas bila je kuća u kojoj je živela familija Tarzija, poslednja bela porodica na toj strani ulice. Dalje, u sličnim kućama u nizu kakva je i naša, i kuća do nas, živele su mnogobrojne crnačke familije. Turirali su povazdan nekog starog fijata, bili su glasni od jutra do naveče. Primali su socijalnu pomoć jednom nedeljno i taj ritam priliva novca u porodicu ogledao se na njihovom raspoloženju i svakodnevnim aktivnostima. Jednom, pili su vino iz flaše sedeći na drvenom stepeništu neke od tih kuća i dok sam prolazio mimo njih ponudili su me da potegnem gutljaj što sam i učinuo i nastavio put dalje. Bio sam ponosan kasnije na taj svoj antirasistički gest. Moji cimeri, inače, izbegavali su da koriste taj pravac ulice i dolazili su i odlazili kući uvek iz suprotnog smera.

Vlasnik kuće obilazio nas je jedanput mesečno, uzimao kiriju i najčešće ga tom prilikom nismo ni videli. Pokupio bi sa stola dolare koje bi mu ostavljali

i odlazio kao duh. Nije nas nikad gnjavio. Bio je po-
slovan u odnosima s nama, jasan i kratak u saobraća-
nju i zahtevima, jednom rečju bio je fer. Evo pisma ko-
je nam je ostavio na stolu, poslednjeg meseca našeg
boravka u tom stanu u Stamfordu u ulici Stefani broj
četiri, a koje čuvam još i danas. Oni koji znaju engles-
ki neka ga pročitaju a onim drugim, koji su u većini,
ponoviću tu poruku na jeziku ovog rukopisa, kasnije.
Dakle, originalna verzija:

From the Desk of
GUY SUTTON
september 27,1989

> Gentlemen:
> Please call me and tell me when you are leaving.
> You must be out by Saturday, September 30th. In order to
> get the rentdeposit back, all furniture must be removed and the
> apartment must be cleaned thoroughly.
> Do not leave and furniture or other items by the garbage
> cans. You must take everything off the property.

> My phone numbers are:
> 661-5226 Daytime
> 869-9304 Evening

> Very truly yours
> Guy Sutton

I još nešto: u naš petosoban stan uselile su se za-
jedno dve kubanske porodice. Glupo i neoprezno,
spomenuo sam pred njima ime Fidel Kastro, ime zbog
koga su verovatno pobegli sa Kube i obreli se u obe-
ćanoj zemlji. Njima sam na kraju ostavio sav onaj na-
meštaj, posuđe, frižider i televizor što bi inače morao
negde da sklonim i ostavim potpuno prazan stan kako
mi poručuje stanodavac Gaj Suton u svom pismu na
engleskom.
Pristali su na ove silne poklone vidno iznenađeni a
ja nisam više morao da iznosim te predmete u podrum

ili na ulicu u smetlište i mislim kako ću isprazniti apartman da bi od gazde dobio nazad svoj depozit od nekoliko stotina dolara. Bez tog *sikjurita* koji je obuhvatao i po jednu kiriju mojih cimera koji su već napustili Ameriku, mogli smo, dakle, svi ostati ako ne ispunim uslove iz pisma ili se otkrije da je u stanu načinjena neka druga veća šteta. Ali, Kubanci su spasli stvar.

Cimeri su bili već odleteli za Evropu, odnosno za Jugu, a tamo: sve je bilo spremno za onaj trenutak koji nam je zlosutno najavljivao jedan stari mudri pisac, naše gore list, budući da nas je poznavao kao stare pare, trenutak kada se pogase svetla u balkanskoj krčmi i započne opšta tuča u kojoj se ne zna ko koga bije jer se prethodno nije znalo niti to ko pije a ko plaća.

Sledeće godine, eto i nas, pojedinaca, natrag u Ameriku bežeći ispred našeg Fidela Kastra koji se povampirio na drugom kraju sveta, dok će većina ostati u onoj krčmi u kojoj vlada mrak i uzeti učešća u opštoj tuči držeći stranu suprotnim zavađenim društvima koja se nemilosrdno biju, lome i razbijaju sve oko sebe i pri tom ispuštaju zastrašujuće krike.

Jedan koji je nastojao ostati po strani svega toga, kajao se što je napustio onu mirnu ulicu Stefani i svoje crne i bele susede, hladovinu koju je stvarao onaj veliki hrast na trgu i pitao se kada će ovo ludilo oko njega prestati i hoće li ga preživeti. U mislima je često bio na ovom mestu u Americi u gradu Stamfordu u državi Konektikat čiji su zaštitni znaci i simboli ovi: cvet – planinski lovor. Ptica – crvendać. Drvo – beli hrast. Deviza: Onaj koji se presadio ipak se održava. A nadimak ili parola: Država oraščića, Država Ustava, Zemlja starih običaja.

Nadimak moje uže Domovine koju drugi stvaraju u krvi, razarajući onu staru zajedničku otadžbinu koju smo od milja zvali Juga mogao bi biti ovaj: Tamni vilajet. Cvet – kukolj ili pelin. Ptica: dva vrana gavrana. Drvo: beli glog, a deviza: Zemlja ni Srba, ni Hrvata, ni Muslimana. Zemlja i Srba i Hrvata i Muslimana. Zemlja Bošnjaka i Bosanaca.

Ima boga, nema boga! Kubanskim izbeglicama ostavio sam domaćinstvo puno kao šibicu: trpezarijski sto sa šest stolica, nekoliko elemenata viseće kuhinje pune posuđa, tanjira plitkih i dubokih, velikih i malih, šerpi od rostfraja i emajla, raznih veličina, tiganja, lonaca, poklopaca, čaša svih veličina, noževa, viljušaka i kašika, malih i velikih, šest ili sedam udobnih ležajeva od duplih madraca, nekoliko ćebadi i nekoliko kompletnih posteljina; belu tehniku: poluelektričnu-poluplinsku peć, frižider, televizor... Sve mi je to, i možda trostruko više, đavo odneo kasnije iz mog vlastitog doma u Bosni. Ima boga, nema boga?!

Setih se priče koju sam čuo od onih Kubanaca kod kojih sam mislio da sam uhvatio sevap ratosiljajući se svih onih silnih stvari: Maje su jednom u životu napuštali svoje gradove i prepuštale ih džungli i zubu vremena, krenuli su goloruki u novo krčenje šuma i novo sabiranje kamenja. Svake prestupne godine iznosili su iz svojih kuća glineno posuđe i razbijali ga da bi ponovo sticali novo posuđe i gradili ili kupovali novo pokućstvo u svome domaćinstvu.

Da, da senjor Kravić, nemoj da žalite za dvospratnicom koja je izgorela, za automobilom koji je odleteo kao čarobni ćilim, za svim onim tričarijama kojima ste bili okruženi. Ipak, hvala vam na ovim poklonima. Gracijas mućaćos, senjor Kravić! Adios amigos! Salutes familijas! Salutes kompadros!

PROPOVED

I u crkvi u Stamfordu pominju to moje milosrđe! Pastor Džo Vizo čita ono što sam ja napisao o sebi i cimerima, o svojim kompadrosima, za rastanak. Stvar liči pomalo na pesmu u prozi, na opelo, na predosećaj nečije bliske smrti, na večno kruženje materije. Na kraju, naša mesta popunjavaju drugi i u tome je čitav fazon.

U ime Oca i Sina i svetog Duha: Trojica, dvojica, jedan, nijedan. Poticali su iz istog grada, iz iste ulice. Razlika u godinama između njih bila je desetleće. Bili su dva puta u životu cimeri. Krajem šezdesetih stanovali su u Beogradu u jednoj sobi u zgradi koja se nalazila na početku Sterijine ulice. Tako je bilo godinu, dve, dok nisu krenuli svako na svoju stranu. Nakon dvadeset godina ponovo su postali cimeri ali ovoga puta u Americi. Njih trojica kao tri planete koje su za čas došle svaka iz svoje putanje i tmine i opet se našle u bliskom sazvežđu u Stamfordu u državi Konektikat u ulici Stefani, na njenom početku.

Bila Miljatovića više nema, sa Dinom Trkuljom rastao sam se prije deset godina bez pozdrava. Ovuda je protutnjao neki rat. Pastor Džo Vizo blagoslovio me je na rastanku u punoj crkvi. Morao sam ustati da me svi vide. Aplaudirali su mi. Bilo je kao nekada davno na nekoj predstavi jednog trbuhozborca i njegove lutke koja se zvala Đokica. U prepunom gledalištu lutka zatraži od mene da ustanem. Teča kome sam sedeo na krilu podigao me je u naručje. Sada je i on imao svoga Đokicu. Bio sam preneražen. Otud potiče moja fobija od publike, od javnog nastupa. Đokica me je pitao kako se zovem. Ćutao sam. Ponavljao je neprestano pitanje. Teča je bio trbuhozborac, zapravo šaptač. Promrmljao sam svoje ime i prezime i ono što ide uz to. Lutka je od mene tražila da sve to ponovim glasnije. Kriknuo sam u tihoj sali kao starmali: Zovem se Petar Kravić, taj i taj, odatle i odatle. Smeh, aplauz, kikotanje, sve se prolomilo oko mene. Teča je bio junak večeri a ja i Đokica tužno smo gledali jedan u drugoga kao posle dvoboja u kome smo obojica zadobili rane koje ćemo nositi do kraja života.

Čuo sam onda kako pastor predstavlja novu braću koji su nedavno prispeli sa Kube i evo ih već na nedeljnjoj propovedi. Niko više nije obraćao pažnju na mene. To su Kubanci koji će da nastave da stanuju u ulici Stefani broj četiri, da farbaju krljušti kuća i kreče utrobu tih kitova, prožderani ali ipak spaseni kao onaj Jona u bibliskoj priči.

Predstavljamo vam našeg brata Miguela del... čuo se glas pastora Džo Viza.

Valjda sam još stajao kada sam kriknuo i prekinuo ovo predstavljanje koje je samo Gospod shvatio i zato mi je ta publika zapljeskala.

Ja sam Petar Kravić, taj i taj, odatle i odatle.

Za ime boga Bob šta ti bi! Ah da svakako, setio sam se: u svakom rastanku ima zrno ludila, zar ne.

Deceniju kasnije s crkvene pevnice na kojoj je nekad stajao Džo Vizo, govori dubokim baritonom drugi pastor. To je naš nekadašnji farbarski bos Dejvid Hovlet. Tema propovedi je Sodoma i Gomora. U crkvi je nekoliko izbeglica iz Bosne. U prvom redu sedi E. O. s dvoje maloletne dece. Još u Bosni je početkom rata ostala udovica. Mesto odakle dolazi zove se K. (Haj, Endži kako si? Kako su tvoji sinovi Tomi i Džeri.) Čitajući istoriju Endžijeve nesrećne zemlje i slušajući priče o njenom zavičaju iz koga je proterana, pastor Dejvid Hovlet inspirisao se za ovonedeljnu propoved o Sodomi i Gomori pa započinje govor:

Dva naselja, ni sela ni grada, ni varoši ni varošice koja niti rastu niti opadaju, povećavaju se brojem žitelja iznutra, iz sebe, ali nikada da postanu i mesta u koja dolaze i drugi, a s tim drugima i ono nešto, oko čega će konačno od ovih naselja početi da nastaju varoši i gradovi. Da ali takve dve naseobine udaljene jedna od druge tek desetak milja kao da se nalaze na dva kraja sveta. Između njih nastaju i nestaju putevi i staze, niču i propadaju gradovi u njihovoj okolini a oni uporno ostaju ono što jesu: dva nepremostiva uporišta između kojih je nakakav stari jaz, rivalstvo i nevidljivi sukob koji nikada nije bio direktan ni u ratu ni u miru. Ali da nisu jedni drugima igrali na sahranama, jesu. Da nisu doprinosili padu i uništenju jedni drugih, jesu. Ali na zaobilazan način, posredno i ne previše upadljivo jer ih je tome poučilo stoletno iskustvo njihovog bliskog uporednog trajanja i naizmeničnog ili istovremenog stradanja. Ponekad su se zatvarali sami u sebe kao dve tvrđave bez zidina, dva feuda i čekali da prođe vreme ratova i buna ili kakvog nereda i ujdurme. U imenu Sodoma zadržalo se izvitopereno, pogrešno izgovoreno i krivo ispisano ime pradavnih ratobornih došljaka koji su se jedno vreme tu zadržavali i mešali sa lokalnim življem, da bi iščezli kao čist narod i određeno ime. Bili su pojam svireposti i surovosti koja je ostala zapamćena do danas, ali i neke pravičnosti i sigurnosti na koju se oslanjao svaki vlastodržac. Sve je to pomalo ostalo u krvi i ovih sadašnjih generacija tog naselja čiji se žitelji danas nazivaju drugim imenom koje zvuči kao jeka koja se udvojena, iskrivljena i prigušena vratila kao nešto deseto iz dubine neke mračne pećine. To ime zla je Stamford uzviknuo je pastor i nakon kraće stanke nastavio dalje uobičajenim tonom: Drugo naselje čije ime nosi istoimena planina izgleda po svemu da se održalo naizgled nedirnuto od zavojevača i nije se mešalo sa došljacima. Ali čemu je imalo da zahvali što je opstalo, naoko, za sve ovo vreme dok se oko njega sve prevrtalo, propadalo, gorelo i nestajalo. Izgleda da je prekonoć menjalo boju i izgled kao kameleon i sred svoje najviše kule bez pogovora isticalo zastavu osvajača kada gore nije vijorila bela zastava. Tako meko i sklisko koje ničim nije izazivalo osvajača zaobilazili su i ti prvi misionari. Hitali su pred kapije tvrđih gradova da ih privole na predaju a tu su domaće poglavice za šaku dolara postajali njihovi namesnici. Samo je u toj taktici samoodržanja i opstanka bez kapi krvi, otpora i sile, na kraju izgubljeno sve; i ime koje je sad samo kopija imena planine, vera, nasleđe i sećanje, sve sem golog života i poslednje maske koju je navuklo na sebe ovo selo ili naseobina a koja je za kaznu prirasla za obrazinu i više ne može da spadne sa njihovog lica. Ime te proklete varoši je Grinič Vilidž koju je već preplavilo mrtvo more novca, zavapio je opet, dižući glas na kraju, pastor Dejvid Hovlet.

Potom se začuo prvo sintisajzer, kao neki daleki potomak orgulja, pa onda bas i ritam gitara; dobuje bubanj, prisutni se dižu sa svojih mesta i ostaju da stoje. Iz svojih krila uzimaju u ruke svete knjige pa ih se oslobađaju načas, spustivši ih na stolice na kojima su do maločas sedeli. Tako im ostaju slobodne ruke da bi udarajući lagano u ritmu muzike dlanom od dlan dodali muzici onaj značajni deo koji je ravnomerno preseca kao otkucaj nekog velikog srca koje uzbuđeno počinje da lupa. Kada četiri ili pet ženskih glasova s bine započne pesmu, tada i cela sala prihvati horski svima znani song. To liči na džez, ali gde su trube? To liči na ritam i bluz, na soul, na pesmu crnoputih berača pamuka koji u nekom napuštenom ambaru pevaju božiju muziku, muziku robova iz Čiča Tominih koliba. .

Sad se sve ponovo naglo prekida kao po nevidljivoj komandi. Začas se stoji ćutke i uzimaju se u ruke biblije raznih formata, boja korica i izdanja. Svi sede bez reči i pokreta ali samo načas. Ustalasaće se, istina nečujno, ta gomila kada zađu između redova stolica, dvojica sa crnim plišanim kesama koje su namenjene samo za tu priliku. Otvorene su i razjapljene nekim krutim nevidljivim pravougaonikom a dole se klate kao utroba neke crne sipe kojoj su podrezani pipci, kao one kese koje se pune prašinom u usisivačima i koje se s vremena na vreme i prosipaju. Te crne kupaste vrećice prinose se svakom prisutnom na dohvat ruke i svaka prisutna desnica ili levica stisnuta kao za boj, ulazi unutra i izlazi raširena kao da se oslobodila vrele žiške.

Pronađi na brzinu papirnu novčanicu od jednog dolara, stisni je u šaci da niko ne vidi koliki prilog daješ, gurni šaku u onu plišanu zobnicu, ispusti novčanicu i izvadi brzo ruku odatle jer to ide dalje. Baci pogled na skupljače koji odlaze negde iza bine dok pastor na kraju samo jednom rečenicom ne završi ovonedeljnu propoved i najavi temu sledeće.

Izlazi se na svetlost dana, kao da se ništa nije dogodilo samo je sve oko nas dobilo ponovo onaj neuhvatljivi smisao koji će za koji tren iščeznuti pred dnevnim zadacima, pred hlebom našim nasušnim koji će nas odvesti na šminkanje nečije oronule kuće.

PIKNIK

U susednoj poprečnoj ulici u kojoj ću na kraju svog boravka imati stan, moje poslednje boravište tu, bolje reći u kojem ću poslednjih mesec dana ilegalisati kod svojih zemljaka, u toj široj i dužoj ulici koja je bila jedna od glavnih ulica Stamforda i zvala se Brod Strit, nalazila su se dva kafića, gotovo jedan kraj drugog.

U jedan su dolazili poklonici Harlija Dejvidsona, u crnim kožnim jaknama i prslucima, u dubokim uskim čizmama i rukavicama u kojima su vrhovi prstiju ostali slobodni, ljudi puni nekih kopči, nitni, lanaca i kaiševa po sebi, koji su ispred tog kafea parkirali svoje snažne, sjajne dvotočkaše, uglavnom japanske proizvodnje. Vremešni su to bili momci, proređene duge kose, glatke i ravne od stalnog strujanja vetra kroz nju. Većina je imala višak kilograma i onu neuravnoteženu građu bildera koji su zapostavili nožne mišiće ili mišiće ramena koja su ostala uska i iz kojih su se klatile snažne ruke, goli bicepsi i tricepsi i dlakave mišićave podlaktice. To su bile plohe za tetovažu svih paklenih prizora ovog sveta, čitavi živi i pokretni stripovi. Grubo su otvarali i zatvarali vrata gledajući da nekom od svojih kompadrosa uklješte pritom nogu u dovratak, hodali su teško kao na gvozdenim nogama, igrali bilijar nekim mehaničkim pokretima ili sedeli za šankom na visokim stolicama kao da voze motore; s rukama položenim na sjajni pult, u širini velikih guvernala, stežući u šakama boce piva kao ručke upravljača čijim uvrtanjem se dodaje gas. Okretali su stalno te boce pre nego što bi njihove grliće prinosili ustima i sasipali pivo u grlo. Šale su im bile grube, bubali su jedni druge po leđima udarcima pod kojima bi oni koji im nisu ni u čemu ravni poklekli, uvrtali su ruke poznanicima i prijateljima dok se čula škripa kostiju, zveckanje njihove sjajne orme i cijukanje uvrnutih kožnih oklopa na njima. Unosili su se u lice jedni drugima i pri tom se kucali čelima kao da udaraju glavom loptu. Uljeze nisu dirali ali su oko njih stvarali neku vrstu napetosti bez reči, atmosferu bliske opasnosti, prikriveno demonstrirajući nasilje i šaljući svakim svojim gestom poruku strancu da je bolje da ih se kloni i ubuduće zaobilazi. Podrigivali su katkada kao da izbacuju iz sebe izduvne gasove, a glasan smeh, vika i međusobno dozivanje ličili su često na turiranje na mestu nekoliko istovremeno upaljenih železnih pastuva koji su mirovali privezani lancima na pločniku ispred ovog kafea kao u kakvom oboru divljih konja među koje se niko ne usuđuje ući niti mimo njih bliže proći već ih valja zaobilaziti u što većem krugu.

Sleng kojim su se sporazumevali bio je zbunjujući za sve sem njih i barmena koji im je donosio bocu piva kada su tražili kalifornijsku kafu. Natucala ga je pomalo i policija koja je išla ukorak sa vremenom i često slušala njihove međusobne razgovore dok su jurili na motorima niz autostrade, ubacujući se na njihovu radio-frekvenciju koju su stalno menjali i pored šifrovanog govora. Znali su da izluđuju policiju koja ih budno prati i hoće da zna gde su jutros poranili i kuda jure u jatu, i neće li skrenuti kud sa svojih uobičajenih staza zajedničkog zujanja i gluvarenja uokolo. Zašto im nikada ne naplaćuju benzin na određenoj pumpi? Zašto su takvi kakvi su? A o tome su im tupili oni pametnjakovići sa koledža. Ali to je Amerika!

U susedstvu na istoj strani ulice Brod Strit nalazila se još jedna kafana. Imala je stolove neobičnog oblika čije su gornje plohe na mestima za laktove bile blago ulubljene. Prosto da ceo dan ne napuštaš to mesto. Tu je boravila druga stalna publika. Žene i muškarci bili su elegantno obučeni. Plesali su često i igrali pikado pored šanka. Katkad su sedeli za komandnim palicama video igara i tamo daleko bombardovali nekog ko

je na kapama, avionima i tenkovima bio vidno obele-
žen crvenom petokrakom. Bombardovali su nas i naše
dok smo se mi nalazili ovde na ovom mestu i smešili
se na svoje ubice, dobacivali im kezove, tapšali ih po
ramenima. Ali na kraju tamo je sve ionako dotrajava-
lo, rekao sam to gazdi baš tim rečima. Treba se stoga
pridružiti ovom slobodnom svetu u borbi protiv naših
vlastitih despota koji tamo već decenijama traju i traju
i istrajavaju i istrajavaju. (Ali kako, kad će kad im za-
gusti skinuti petokrake udariti u druge diple, preokre-
nuti ćurak, stati iza svog naroda kao iza štita, postati
prekonoć teoretičari zavere, otkriti da su žrtve dok-
trine specijalnog rata, zavapiti za krvlju i tlom svog
naroda i što je najgore taj narod će u to poverovati!
Počeće da ih štiti umesto da ih s vlasti otera prljavom
toljagom, počeće da se roguši, postaće jedan od svet-
skih problema koje treba rešavati dugo i na duge staze
jer naši su umovi zasvagda upropašćeni, zatrovani po-
slednjim mislima. Zato pucaju na video automatima
po nama i kada sruše avion sa crvenom petokrakom na
krilima, mi zaustimo da kriknemo, da nasrnemo na ig-
rača ispred svetlucavog ekrana, da mu nešto opsujemo
i udarimo tako da ga oblije krv. Ali iz toga sleduje šup-
ni pasoš iz Amerike i tri hiljadarke mesečno obesi da-
lje mačku o rep i idi tamo u onu zabit, rintaj za sitnu
lovu i neka te one kabadahije i dalje jebu u mozak i
igraju se tobom celog života.) Ne, nikud se ne diži iza
onog umilnog astala koji kao da je ofarban medom,
ćilibarom, pozlaćen, na kome ruke miruju i laktovima
je udobno kao na jastuku.
    Jedni sede u tom kafeu i gledaju video snimke
svojih zajedničkih nedeljnih izleta po okolnim bližim i
daljim hacijendama na čije livade su dolazili na razne
načine: Eno ga onaj zalizani iza šanka zauzet objašnja-
vanjem nečega svome sagovorniku, kako skače pado-
branom i sleće skoro na švedski sto postavljen na otvo-
renom. Šankista je vozač brzog glisera koji pristaje tu
na privatnoj plaži i privatnom doku, iznosi iz čamca
velike *hladne torbe,* ima na glavi bejzbol kapu Nju-

jorkersa. Gde li je društvo koje stiže u oldtajmeru, nekom prastarom fordu koji je kao fijaker, mora da je tu negde u gužvi za nekim stolom, zasad ga ne vidimo, ali na ekranu njihov dolazak je spektakularan, prostiru nekakav crveni tepih od vrata automobila pa dalje i oni izlaze sklanjajući ronilačke naočari sa očiju na čelo, obučeni su u stilu tridesetih, dolaze iz vremena krize i depresije, samo sa sobom vuku sanduk viskija marke Džek Danijels, žene u naramcima nose nasalagane kutije pica, kolača, bombonjera, svega. Eno plavuše koja je stigla nekim besnim crvenim kolima, čak je i haljina večeras ista na njoj kao u nedelju na pikniku, ta se ne da ničim zbuniti, prskaju je nečim dok sedi u otvorenim kolima, neki beli mlaz joj šikne iznad glave, pada po travi ali ona otvara kišobran i odbija tu dobrodošlicu, taj vodoskog šampanjca koji se sliva niz njen ružičasti amrel. Eno jahača, stižu s druge strane rta ali ko će ih sada prepoznati i tražiti u ovoj kafanskoj gužvi a možda večeras i nisu tu među nama. Skupili su se dakle, tog letnjeg nedeljnog dana, došavši u tu kafanu na otvorenom svim prevoznim sredstvima samo nema motora i motocikla niti gringosa koji podsećaju na susede. Ovi se nikada ne voze na motorima i to iz principa, iz solidarnosti i poštovanja prema plemenu čiji je on statusni simbol, život, sve. A to je već preozbiljna stvar za šalu, za dokolicu i smetali bi dobrosusedskim odnosima i devizi na kojoj počiva Amerika: živi i pusti druge da žive.

Ovi su oprezno ali lakše prihvatali stranca igrajući oko njega neku drugu nežniju igru koja je ličila na ples, na balet. Procenjivali su ga neko vreme a zatim stupali sa njim u kontakt i ako je taj test prošao, sledeće nedelje već je pozvan na druženje na nekom drugom privatnom posedu koji pripada nekom od gostiju, na *parti* i pošto stranac ne zna gde je odabrana tačka u prostoru te nedelje, nema nikakvog sredstva ni načina da tamo stigne sem pešice, ne zna da treba sa sobom poneti bocu pića, par sendviča, neku kutiju pljuge ili već nešto drugo što se puši i čiji se dimovi uvlače ili se šmrče direktno u nozdrve, pošto taj došljak i novak ume samo da se kreće između tri, četiri određene tačke u prostoru koje omeđavaju njegovu ovdašnju privremenu egzistenciju, evo sad nove tačke koja treba znatno da proširi njegov skučeni radijus kretanja i stoga određen mu je vodič i društvo koje će ga dopratiti na *parti* te nedelje. Sve će se na kraju videti na TV već sledećeg ponedeljka: I on kako pristiže na biciklu s nekim tuđim rancem na leđima i kako silazi s bicikla i okreće profil, kako skida s glave onaj gumeni štitnik koji mu je sve vreme vožnje, a potrajalo je to gotovo ceo sat, stiskao glavu kao neka čeljust koju je morao da trpi jer su to od njega uporno tražili njegovi suvozači. Takvi su valjda propisi ili njihovi katkad nesagledivi obziri prema drugom biću.

Ali, stani malo. Idemo redom. Do ponedeljka ima još vremena. Šta je, tu je: prvo ići ćemo gradskim autobusom na Hajstrit, prvi put videti kako se s punim poverenjem istresa iz šake sića, dolar i četvrt, kroz neku vrstu providnog levka koji stoji pored vozača autobusa. Za uzvrat nema nikakve karte, nikakvog tiketa koji bi posle morao neko da čisti sa poda i platforme vozila ili kupi s gradske ulice kao žvakaću gumu, nema kontrolora koji dreždi i zarađuje krvavo koricu hleba hvatajući slepe putnike i trpeći svakojake uvrede od putnika, nema onog zezanja sa uvlačenjem karte u neki prastari automat koji hoće, neće, da čekira tiket i koji nakon obavljenog posla zvoni da ga svi čuju, poništavajući kartu za tu vožnju i za sve buduće vožnje u životu. Ovde, pored vozača koji je jedina posada autobusa, stoji samo ona providna stvar u koju suneš siću i koja liči na one posude već negde viđene ovde, na male providne kontejnere u vidu uspravno postavljenih raketa punih keša u kojima se skuplja dobrovoljni prilog za nešto i nekoga.

Po izlasku, na periferiji grada, društvo koje se zaputilo na izlet s jednim strancem oko koga se svi trude, svraća u neko dvorište do jedne garaže koja se otvara pritiskom na dugme i čija se rebrasta poprečna vrata dižu lagano odozdo prema gore i nestaju u stropu i kojima ne bi škodilo jedno ponovno farbanje. Dalje se putuje biciklima, montbajkovima, od kojih se ponekom naduva guma, napune bisage, podigne ili spusti sic i onda napred. Iza društva u garaži ostaje samo jedan crveni *poni* izduvanih guma koji liči na jedan isti takav, daleko, daleko, prislonjen valjda još uvek u strančevoj drvenoj garaži u kojoj miruje jedan beli folksvagen, oldtajmer, i čeka svog gazdu da dođe iz belog sveta.

OBALA

Prolazim ulicom u kojoj sam stanovao godinama. Jednospratnica s četiri stana, nedaleko od mosta; još nosi plavu tablicu s brojem dva. Licem gleda na ulicu i dalje na obalu, pa onda na reku koja šumi i drugu obalu obraslu u zelenilo. Tamo je sad odjednom neprijateljska teritorija. Odonud može da te zvekne snajper, kao ona zolja koja mi je uletela u sobu izbušivši debeli zid ispod prozora pa onda rijući poprečnim zidom skrenula na sredini sobe u susedni stan i završila u komšiskom plakaru smrvivši sve u njemu kao neki ogromni glodar. Doletela je s one strane reke. Bila je upućena bunkeru koji su mi pod prozorom sagradili branioci grada. Bilo je jasno da tu nema više života do kraja rata. Zolja je stavila tačku na jedno dugo i bezbrižno razdoblje, jedno neprekinuto bitisanje.

Žurim u mraku u svoje bivše prozore bez stakla, u unutrašnjost praznu i mračnu. Kroz stan u prizemlju, kroz moj bivši dom, od nekud s druge strane probija se mesečina kao kroz ogolelo granje. Neke senke liče na sablasne predmete prislonjene uz zidove. Naknadni pogled posle dva, tri koraka uzmicanja, otkriva da na tom istom zidu nema ničega.

Prva zgrada u ulici ista je; sišla je nekada sa istog crtaćeg stola. I ona je kao oglodana lobanja kojoj nedostaje temena kost, ali ne izaziva pažnju. Pogled na nju je munjevit i stapa se sa slikom od pre nekoliko godina dok je na njene prozore i žutu fasadu padala dnevna, odnosno jutarnja svetlost. Zgrada je načas izgledala naseljena svim onim ljudima i ženama, decom i rođacima i svi su još spavali iza zatvorenih ili poluotvorenih prozora na koje su navučene bele čipkane zavese. U trenu je tačno znao raspored svih spavača, razaznao je njihove različite položaje uslovljene razmeštajem kreveta; njihov telesni položaj dok su čvrsto spavali zajedno ili odvojeno, pokriveni ili poluotkriveni. Brzo je smakao pogled s te prazne napuštene zgrade na samom početku ulice, demolirane kao da je kroz nju prošao orkan. Pogledao je ponovo na kuću u kojoj su nekada on i njegovi roditelji stanovali, a onda on i njegova porodica, i nije video ništa osim mraka i nekoliko sjajnih sečiva mesečine koja su prosecala tu šuplju sablasnu građevinu.

Treća zgrada na obali bila je dvostruko veća, mračnija i dva puta praznija ali gle, iz jednog stana usred građevine svetli sijalica. Šta je to?

Sekundu, dve kasnije, s prozora s kojeg dopire slaba žućkasta svetlost javlja se slika ukućana koji gledaju s tog prozora na ulicu. Neki ispraćaj je bio u pitanju, nekom su potekle suze, neko je mahao onome dole koji je odlazio, čuo se jedan glas koji je molećivo izgovarao: piši, javi nam se, čuvaj se sine! No, to ne beše upućeno nekom određenom ljudskom biću s jasnim likom i imenom već čoveku koji nije imao nikakve veze s tim ljudima i tom ulicom, čoveku koji nije znao čak ni jezik na kome su mu se obraćali ti ljudi s prozora na prvom spratu dok je prolazio prvi put u životu tom ulicom.

Popeh se do tog stana polusrušenim stepenicama i zakucah na vrata. Ljudi su na brzinu zazidali rupu od tenkovske granate, zastaklili polupane prozore, priključili se sa neke susedne bandere na struju i sad svetli li svetli iz tog stana noću kao iz pećine usečene u neko strmo kamenito brdo s kojeg se još odronjava kamenje. To je stari bračni par koji se poslednji doselio u tu zgradu. Gotovo da ih nisam ni poznavao. To je ta poslednja, stamena familija u ulici, naša porodica Tarzija, posle koje više niko ne stanuje u pustim kućama na toj obali.

Na tren mu se učini da je pogrešio ulaz, da mora brzo da se vrati i produži jednu ili dve kuće niže, da ispred kuća u mraku sede u tišini crnačke familije i zbog boje kože ne razaznaju se dobro. Načas mu prostruji kroz glavu da je neko zlo protutnjalo ulicom, gradom, okolinom, susednim naseljem, koje je pomelo sve bele ljude i da je on jedini preostali *bledoliki* i samo što nije krenuo kolektivni lov na njega. Ali niko nije obraćao pažnju na tog nezvanog noćnog gosta jer je potpuno praznom i mračnom ulicom hitao nekim uličicama koje su vodile iz puste ulice na obali u naseljeni deo grada, koji je takođe bio u polumraku. Uplašio se svojih sopstvenih koraka.

Zastao je u praznoj glavnoj ulici koju su presecali tek slabi mlazevi žute i srebrne svetlosti koja se presipala iz loše zamračenih prozora kao voda ispod saksija koje je neko preterano zalio pa se tečnost sliva niz fasadu ili kaplje na trotoar i curi onom mokrom crtom u rešetku kanalizacije.

Čuje zatim nevidljive ljudske korake nepoznatih šetača ali tren kasnije, kada ta grupa ljudi postrojenih u jednu vrstu prođe kroz široki snop svetlosti koja preseca ulicu kao barikada, prepozna u njima svoje stare sugrađane. Bili su to oni isti ljudi koje je susreo i pre neko veče: jedna neumorna patrola uspomena koja je šetala u mraku i nije se osvrtala ni na koga i ni na šta.

KORZO

Od nekadašnjeg gradskog korzoa koji se malo-pomalo osipao, izlazio iz mode, proređivao na jedan dan u nedelji, danas ili bolje reći s večeri, nije ostalo ništa. Zapravo, ostalo je to neobično društvo sastavljeno od četvorice, petorice penzionera koji se svake večeri u isto vreme nađu u glavnoj ulici i započnu šetnju gore-

-dole, kroz prazan grad. Moglo bi se reći da je knjiga spala na jedno slovo jer oko jednog čoveka ovo se društvo okupilo i on ga drži na toj praznoj osovini koja je nekada, svake večeri u to vreme vrvela od sveta. Samo njega, tog poslednjeg Mohikanca bivšeg korzoa i kolovođe ovog usamljenog penzionerskog jata, tada je bilo teško videti na tom istom šetalištu u onoj gomili. U to vreme voleo je druga mesta i boravio na njima (znao je na primer satima da stoji za šankom). On je stožer oko koga se okupila ova grupa ostarelih šetača, starih i novih udovaca koje taj okoreli neženja i samac nečim privlači. On je inače jedini redovan na tim šetnjama a oni niti su kada izbegavali korzo izostajući povremeno sa tih susreta, niti su kada njime lutali kao progonjeni u nekoj nuždi i po nečijoj naredbi. Oni su bili oni nekadašnji veseli šetači u društvu veselih devojaka od kojih će im neke postati žene. Oni su dali ton i život tom korzou koje je ovaj sadašnji poslednji šetač u to vreme izbegavao. Niti se kada u svom životu pošteno nasmejao pred nekim, niti je kada voleo da se javno pokazuje u ženskom društvu. Bio je navodno upleten u nekoliko brakolomstava i u mutnim i nevidljivim vezama sa nesrećnim i lepim ženama. (koje iz raznoraznih razloga, kao uostalom i njega, nije bilo lako videti na tom prepunom šetalištu). On je sad taj poslednji najuporniji šetač kome su se u nuždi priključila i ta četvorica, petorica njegovih sugrađana, novopečenih samaca jer su im žene u poslednjih nekoliko godina poumirale od raznih bolesti.

To je kraj onog gradskog korzoa jer svi su ovi ljudi, građani po rođenju i starosedeoci, i ako se ikad više vrati taj običaj šetnje glavnom ulicom zvani korzo, započeće ga ove nove generacije ili neke druge koje će doći posle njih i za mesto rođenja imati ovaj grad koji je sada prepun pridošlica sa sela, izbeglica iz drugih gradova i sela, koje se još nigde ne pojavljuju i ne upućuju bez potrebe a naročito ne upražnjavaju tako ispraznu i čudnu stvar kakva je šetnja glavnom ulicom. I to usred nekakvog rata koji je nastupio iznenada kao ponovljen, stari kvar kojeg je nemoguće ot-kloniti za neko vreme i valja nastaviti kako-tako živeti s tom ogromnom prirodnom falinkom koja se svakog časa može izokrenuti i na gore. Ali tu su bar zvezde na nebesima, ona nekadašnja tišina, pokoje poznato lice kao lica ovih šetača a pre svega još uvek nas okružuju stare fasade kuća koje odolevaju vremenu. Ima još pola sata do policijskog časa, dokad se valja povući u svoj mirni i mračni kutak.

Kada je otvorio vrata kuće u kojoj je sada stanovao, pred njega je, dotad zadenuto u dovratak, palo na pod neko pismo. Već četvrtu godinu živeo je u tuđoj kući. Bila je prazna ali useljiva i sa neznatnim oštećenjima na krovu koja je posle prvih kiša sam popravio. U njoj nije bilo ni traga od bivših vlasnika, oni koji su tu kuću poslednji napustili, ostavili za sobom potpuno prazne odaje.

Ali ček' malo! Prvo da otvori pismo koje mu upućuje osoba s kojom je na neki način, slučajno ili ne, izmenjao mesta i geografske širine i isprepleo svoju sudbinu. Pisala mu je žena koja je za vreme ovoga rata u Jugoslaviji i Bosni izbegla u Ameriku. Javila se iz grada u kome je on pre deset godina živeo, on, čovek s Obale na kojoj još uvek stoji njegova polusrušena i opljačkana kuća.

Još nešto, navodeći ovo pismo, bolje reći ovu poruku, za koju sam znao da mora doći jednoga dana, postalo je izlišno prevođenje one engleske poruke s početka koju je svojeručno napisao pre jedne decenije moj ondašnji stanodavac i kućevlasnik Gaj Suton (i forma i sadržaj gotovo su isti!) dakle:

S pisaćeg stola
Enise Ogorinac

Gospodine Kravić,

Moramo vas obavestiti da se mi vraćamo našoj kući u našu Domovinu u kojoj sada vlada kakav-takav mir. O datumu našeg povratka obavestiće vas zvanično međunarodna policija (IPTF). Pošto smo saznali da je kuća ranije opljačkana sve stvari koje ste stekli i uneli u nju možete slobodno odneti sa sobom ili izbaciti na smetlište.

Moji telefonski brojevi su:
773 271 1073 Posao
773 275 9575 Stan

Stamford, Konektikat

II
CIK-CAK DANI

O Maison, Maison! pourquoi m'avez-vous laisse partir?

BONĐORNO

Od našeg petosobnog apartmana na prvom spratu vremešne kaubojske kuće, lake, suve, koja je zvonila kao drvena kutija za lutke pri svakom zatvaranju vrata, spuštanju prozora, dok se koračalo uz ili niz drveno stepenište, našminkane i ofarbane kao stare Amerikanke koja je prošla sito i rešeto, Mahovo i Grahovo i ispred čijeg ulaza je raslo ukrasno drvo magnolije ili japanske ruže (žao mi je sad što ga nisam bolje osmotrio) išli smo prilično daleko po namirnice, u kupovinu *fasunge* za nedelju, dve. Do tamo šetnja a od tog ogromnog supermarketa hrane koji se zvao *Bonđorno,* obavezno taksi jer si natovaren kesama kao mazga. Jeftinoća ti ne ide u glavu. Nakupuje se svega i svačega, uz to karton, dva, konzerviranog piva, boca konjaka *Napoleona,* štek *Kamela* tvrdo pakovanje, prođeš jednu od pedesetak kasa s punim kolicima kao da guraš u njima bebe četvorke a one se na tebe smeju. Pretovariš sve te silne kutije i kese u taksi i briši u svoj kaubojski dom. Miran si skoro dve nedelje sa papicom, duvanom i cugom za kod kuće a sve te koštalo nešto više od tvoje dnevnice i još nekolio prekovremenih sati. Ne kaže se na kraju za neki dobar ćar i super uslove – to je Amerika. *Bonđorno!* Pečenu koku možeš kupiti za dolar, skoro da se obistinila ona sirotinjska uzrečica stvorena u mašti gladnih: teče med i mleko, pečene kokoši padaju s neba! To je *Bonđorno!*

Jedared sam tražio paštetu i nikako da potrefim na nju. Nepoznato mi je bilo njeno ovdašnje ime, njen engleski naziv. Lutajući kroz te kvartove i ulice na ogromnim gondolama naslaganih konzervi, kutija, flaša, nabasah na nešto naše: riblje konzerve iz Dalmacije i drugo ništa! Prošao sam ulicu sireva, da se usereš, onda ulicu hiljadu i jedne vrste hleba. Ja sam za razliku od cimera koji su jeli portugalski hleb, najsličniji našim pekarskim proizvodima, kupovao čas ražani, čas neki crni, najcrnji hleb na planeti koji je imô paprenu cenu. Hleb je, normalno, bio u celofanu a predstavljao je navodno zalogaj koji je omiljen na trpezi ovog ili onog glumca, senatora ili bivšeg predsednika Amerike. (Da kapne koja parica i od reklame.) Slika na proizvodu je to jasno prikazivala.

Izgurao sam ona kolica puna namirnica na veliki parking i čekao nešto. Supermarket se zatvarao. Naišao je odnekud moj imenjak i cimer Bob Srbinović, stari globtroter i sitničar.

– Nigde ne nađoh paštetu, požalih mu se.
– Kako!? – začudih ga.
– Ne znam!
– Čekaj! – stupi u akciju Srbo.

Tip je zaključavao glavna, centralna vrata. Osvrnuo se na zakasnelu mušteriju ne izvadivši još ključ iz brave. Čovek je imao pravo što nije iz brave izvadio ključ. Opet je zauzet ključaonicom na ogromnim vratima, okreće ključ u suprotnom smeru, gura vrata samo onoliko koliko je potrebno da se čovek provuče. Ulaze obojica, jedan za drugim, i provlače se kroz procep teških vrata. Vrata se zatvaraju i zaključavaju iznutra. Zatim grane svetlo u supermarketu kao neka bezglasna munja koja se otegnu desetak, petnaestak sekundi pa se opet unutra smrači.

– Evo ti pašteta, koštaće te dvadesetpet centi!
– Ko je to bio? – upitah.
– To ti je Bonđorno, vlasnik ovog čuda! Čak je i na kasi otkucao tvoju paštetu.

Konzerva je ličila na one iz Juge a na etiketi se kezio đavo držeći u jednoj ruci neke troroge ostve za ribe, rekao bih neka hrana za pse ili mačke, ništa drugo.

JUTRO

Jutro je bilo puno ozona kao da je okolo neko iz neke ogromne sprej boce, nekog divovskog silosa rasprskao onaj aerosol – asepsol, neko ko se ovde od jutra do mraka brine kako će ovaj svet mirisati, kakvom jačinom tona će život da se odvija na zvučnom fonu, kojom brzinom će teći događaji, neko ko se bavi komponovanjem muzike koja će da prati ovaj svet u njegovoj svakodnevici. Nevidljivi perači ulica, izloga, krovova, hlorofila, sve su isprali u nekoliko voda, pa ulice mirišu na tek ispražnjene mokre kante za vodu. Spektar je ovde pun i zastupljen svim mogućim nijansama, kao da se svetlost razložila na dugine boje, i nešto više od toga, i pala po kućama, ogradama, automobilima koji mile u saobraćajnim trakama; kao da je poprskala prolaznike i njihovu garderobu punu transparenata, jednocifrenih i dvocifrenih brojeva s dresova bejzbol igrača, natpisa svetskih proizvođača dubokih i plitkih košarkaških patika u koje hrli da ih obuče sve, i staro i mlado. Svud su sveže, jasne i izvorne boje koje miruju ili se kreću, podrhtavaju na vetru, vijore se, tvore ravne linije ili vijugaju nekud. Ovaj svet živi u koloru, udiše čist vazduh punim plućima i živi svojim intenzivnim, zaokruženim životom u kome su sve mogućnosti iskorišćene ili se upravo koriste. Na delu je življenje srećnih ljudi i na tom širokom šarenom platnu odvija se njihova herojska epopeja što su imali sreće više od drugih širom planete da žive upravo tu gde žive i da koračaju upravo tuda kuda koračaju ili sede za volanima sjajnih automobila koji jezde tihi i udobni i ne ostavljaju za sobom onaj crni smrdljivi dim

iz auspuha koji suklja iz onih limenih mrtvačkih san-
duka zaglavljenih pred nekim semaforom na raskrsni-
ci koju preseca jureća kolona istih takvih zvečećih i
pušećih limenki. Ovde to ne izgleda tako. Jesu li već iz
benzina koji su koristili bili odstranili olovo i one smrd-
ljive sastojke koji su vonjali na sumpor apokalipse? Da
li su automobili koji su nam dolazila u susret izgledali
čedno i novo zbog svoje besprekorne čistoće i čistoće
svega okolo ili zbog činjenice da niko nije na automo-
bile stavljao prednju tablicu jer na to po zakonu nije ni
bio obavezan. Sve je igledalo kao ispod čekića, limu-
zine su upravo izlazile iz izloga prodajnih salona, sila-
zile sa proizvodnih traka fabrika, izlazile iz farbaonica
i perionica, hitale na prvu registraciju, a, na stražnjem
delu, tablice stoje prišrafljene po propisu i sve je
obeleženo kako treba samo na njima pored brojeva pi-
še i sve ono što vlasnik želi da mu stoji upisano na re-
gistarskoj tablici kao njegova deviza, kao osobenost i
lični pečat na tom sveopštem obaveznom komadu plo-
čice koja se ovde mora da prikači samo na stražnji deo
automobila.

Počeću od našeg plavog *vena,* fordovog kombija s
dvanaest sedišta koji je bio vlasništvo našeg gazde Dej-
vida Hovleta. Na njegovoj pločici pisalo je, šta drugo,
nego baš ime sina Gospodnjeg koga je stalno spomin-
jao gledajući u nebo. On se spremao da posta-ne pop.
Šta sve ne piše na tim tablicama, ali sreća je što stran-
ci oskudevaju u znanju engleskog jezika a još manje
znaju njegove finese i varijante, njegov sleng kojim se
sporazumevaju kaste među sobom, klase s istom kla-
som, mustre s istim mustrama, žargon koji se raspao
na stotine podžargona! Ipak gospođa ispred nas vozi
bjuik na čijoj registarskoj tablici piše da voli seks –
voli petla, čep, zapušač, kitu, kurac, voli: The Cock.

Kroz taj svet koji liči na moderan edenski vrt u
kome još nema greha, stida, onog mažnjavanja plodo-
va s jabuke znanja, onog zmijskog šapata, onog pita-
nja na kome ih je Bog odmah odvagao i pročitao –

zašto ste pokrili pice i kite kad do maločas ne beše sti-
da, kad do maločas to niste znali! Kroz takav svet čini
se da prolazi farbarski kombi kojim upravlja budući
propovednik. U njemu lebdi ovo božije pitanje u zraku
dok se prevoze četke, zastirači, kutije i konzerve farbe
i gore na paktregeru privezane aluminijumske merdevi-
ne. U njemu je za volanom naš gazda Dejvid Hovlet,
narečeni budući pop a na sedištima jedan do drugog
sede farbari u belim pantalonama i majicama koje mi-
rišu na deterdžent. Čuj, koja kombinacija imena tih
putnika, polupokrštenih sledbenika crkve tog farbar-
skog ceha koja se zvala Društvo kapije vere: Bil Miljat-
tović, Din Trkulja, Bob Kravić ali i pravih Amera, ma-
log Nola Viza i najvećeg zabušanta koga sam sreo u
životu Raba Tarantina. Muzika u *venu:* ona koja slavi
Isusa i samo ona čije reči i note odzvanjaju i u crkvi za
vreme nedeljne propovedi. To je božija muzika.
  Stranac čije je ime sada Bob, hoće da kaže gazdi
da je jutros saobraćaj prilično gust jer se sporo odmiče
napred prema gradilištu koje je njihova odredišna ta-
čka kuda su se zaputili na posao, pa umesto odgovara-
jućeg izraza lupi nešto što je nasmejalo one kojima je
engleski maternji jezik. Ipak, bilo je rečeno pesnički,
moglo je to možda proći kod onih pesnika bogohulni-
ka kakav je Ginzberg – saobraćaj pleše. Možda je tako
po poledici u novembru dok brisači jedva uspevaju da
sa vetrobrana skinu krpe snega, sklone beličastu čip-
kanu zavesu od pahuljica koja se zatim ponovo hvata i
sama navlači na okno dok joj brisači neprestano deru
retko tkanje njene bele gaze i mrse tanke snežne kon-
čiće i konce. Ali tada u *venu* neće biti ovih ljudi, ne
bar u ovom sastavu i broju u kome se sad nalaze i neće
kombi tad biti pretrpan farbama, četkama, zastiračima.
Biće valjda prazan, te stvari iz njega biće već davno
istovarene do nove farbarske sezone, do proleća kad
će se svi ponovo okupiti i kad će u njemu sedeti ista
ova ekipa, ovaj uspešni tim koji je i tog jutra krenuo
na svoju svakodnevnu utakmicu na trening ili meč,

oran zar rad, sastavljen od mladih, zdravih i zadovoljnih igrača. Jedni su uz to i ushićeni što trenutno žive i rade u Zemlji u kojoj se nalaze, nastojeći da upiju od tog okolnog života što više, da vide, čuju i razaberu jasno sve to što se oko njih događa.

PAPAMOBIL

Pade mu na pamet nešto kao stih: Amerika je prva bračna noć. Moglo je to da piše na nekom zidu kao grafit. Ko to reče prvi put? Moguće je da je to i njemu palo na pamet ali u magnovenju vide neka nepoznata usta koja su to izgovorila. Gazda im je na videu pre nekoliko dana prikazivao doček Pape. Kad je stupio na američko tlo, kleknuo da ga poljubi, rekao je o toj zemlji doslovno ovo: Stigao sam na vrh sveta, ovde je čovek napravio najveće podvige. Poređenje Amerike i prve bračne noći nije mu se više nametalo.

Njegov prvi susret sa živim Amerima u njihovoj Zemlji, bio je susret sa aerodromskim osobljem, pilotima, stjuardesama, nosačima, taksi vozačima. Imao je utisak da je došao u neku državu u kojoj su deca preuzela stvar u svoje ruke; ovde su mladi na vreme uključeni u život, bačeni u vatru, svi su na startu i žure napred, stariji su se popeli više, na spratovima su u prostranim ofisima ili u hladovini pokraj svojih bazena. Ne izgaraju pod stare dane onako mrzovoljni iza raznih šaltera, ne vuku se oko hangara, gradilišta i montaža kao prebijene mačke, samo se katkad pojave na tim mestima, u žurbi, okruženi mladim pratiocima koji im na brzinu zatvaraju vrata crnih limuzina u kojima oni nestaju nakon što se za njima zatvore sjajna vrata i odmah zatim pojure nekud.

I Papa je tako banuo kao pastir među svoju jagnjad koja su ga okružila, sprovela do limuzine i odvezla u neku rezidenciju dok je iz utrobe Papinog aviona izvožen *papamobil,* vozilo koje umesto krova kabine ima neprobojnu staklenu komoru u kojoj Papa stoji dok se vozi kroz gusti špalir ljudi koji hoće da ga vide i pozdrave dok on tako prevožen odlazi na mesto na kome će održati misu. A to je neki otvoreni prostor s pozornicom, dobro kontrolisan, pripremljen za takvu priliku i okružen mnogobrojnim *čekpointima,* montažnim kioscima s hranom i pićem, verskim knjigama i relikvijama, improvizovanim restoranima ali i dugim nizom hemijskih klozeta koji su samo za tu priliku na tom mestu i nakon Papinog odlaska nestanu kao i sve drugo a ostaje samo goli kostur velike bine na kojoj je održana misa i stoji tako nekoliko dana kao nadrealistički spomenik Papine nedavne posete. Ali već za koji dan taj mamutski skelet okružen je desetinom velikih šlepera iz kojih se istovaruje nova, nepoznata konstrukcija i kranovima prenosi na postojeći kostur. Opet se gradi pozornica, oblikom i veličinom kao ona prethodna, tu je čak i veliki digitalni ekran, reklo bi se isti kao onaj od prošle nedelje, samo nema više one žute i bele boje i onih ravnih linija koje su dominirale oko Pape i njegovih kardinala. Ova bina je sad šarena kao paunov rep. Pozadina joj je raskriljena utroba nekog robota koji će kad ova nova misa započne pred ništa manjim brojem vernika nego što je imao Papa, pokazati petoricu ili šestoricu mladića koje je progutao i koji iz te utrobe sviraju i pevaju psalme i ode svoga vremena, istovremeno sitni kao zrna bibera ili kao mravi, i ogromni kao divovi na velikom digitalnom ekranu na kome je i Papa izgledao kao sam Bog a ne njegov mali i smrtni namesnik na zemlji koga voze kao belog miša pod staklenim zvonom vozila koga prozvaše *papamobil!*

* * *

Prolaze pored golf igrališta na desnoj strani puta. Taj svet u kačketima koji se vozi po travi u nekim dečijim otvorenim automobilčićima čije su gume kao crne loptice, zamahuje palicama. Uranio je na svoj posao pre njih. Još za jutarnje svežine. Dok se temperatura podigne stepen, dva više, njih već neće biti na otvorenom. Sad ostaju u pozi bacača diska i vide im se pazuha dok u tom položaju miruju kao statue gledajući za svojim udarcem koji malaksava negde u daljini u vidu bele loptice i pada kao zrnom pogođena ptica.

Za njih radi novac, kaže Dejvid Hovlet dok nas vozi lagano pored ovog igrališta i igrača, i onda pita stranca kako je sinoć proveo veče? Bob, šta si radio sinoć? Gledao je TV. Šta je gledao konkretno? Gledao je film o Džemsu Bondu, o agentu 007. To je smeće na koje ne treba da traći vreme jedan dobar hrišćanin. Dejvid Hovlet je zamenik propovednika Džoa Viza, očuha našeg kolege Nola. Dejvid će jednog dana postati pastor i mada strancu više liči na boksera ili nekog digića zalizane crne kose, (možda pre člana kozanostre) stranac u trenu odbacuje tu bogohulnu misao koja je kao zov onih sirena, polu-riba, polu-žena, zbog kojih su u nekoj legendi stradali lakoverni mornari u brodolomu, namamljeni na podvodne hridi. Tako, dakle i Dejvid okom pravednika baca s vremena na vreme pogled na unutarnji retrovizor, na svoje saputnike koji mu sede iza leđa, gleda na svoju malu pastvu i uhvati ponekad nekog od svojih mornara kako kroz bočno staklo kombija zuri u noge nekoj ribi koja stoji na hridima pločnika, na dokovima plovnog puta njihovog radničkog kombija. Dejv, onda doziva zabludelu ovčicu imenom: Bob, Bil ili Din, što znači ne zveraj okolo, ne gledaj u sirene, slušaj ovamo šta ti ja kažem. To što si sad pomislio gledajući u tuđu ženu kao da si i uradio, već si počinio greh. Taj slatki greh. Ali starozavetni bogovi imali su mačke, Dejv! Bob, ne smeš svašta da gledaš na TV, razumeš li. Razumem šefe. Možda si u pravu, možda naše smušene, zle, zađnje misli, zaista uništavaju, unakazuju i ruše svet oko nas, možda su one te koje produkuju ono sivilo, ono beznađe i onaj haos oko nas. Onu turobnu atmosferu otrežnjenja i kajanja zavijenu u neki gusti zasićeni zrak od kojeg nas žiga u prsima kao da je oko nas nešto isteklo posle tajne havarije u obližnjoj atomskoj centrali koju već odavno izjeda rđa.

VIZITA

Vlasnik čiju smo novu kuću završavali i na kojoj su se obavaljali poslednji farbarski radovi, Sveđanka, često je dolazila i motala se po prostorijama i hodnicima, posmatrajući kako napreduju radovi i pri tom je bila u nekom belom šortsu ili suknjici kao da je začas napustila neki teniski meč i između gemova dolazila na gradilište među radnike. Bila je vitka, visoka duge kestenjaste kose i imala je lice jedne prodavačice iz samoposluge koja je volela da dobacuje skarednosti, tamo iz mesta odakle je većina farbara, iz njihovog zavičaja. Tu sličnost su zajednički utvrdili. Očekivali su da Sveđanka kada naiđe pored njih počne da psuje na njihovom jeziku, da im dobaci neki jebački zez, da namigne na njih pre nego što nestane iza nekog zida i krivine u hodniku. Ali nikad ništa od toga nisu od nje čuli i ništa, sem očiglende spoljašnje sličnosti s osobom prostačkih manira.

Njene godine: nikad se ne zna, iz daleka mladalačke a što se objekat više približava diskretnom promatraču, koji ispod oka posmatra ovu bogatu teniserku, utisak se menja u korist ozbiljnosti, zrelih (i prezrelih) godina za ovaj šorts i mini suknju. Lice joj je bilo oprženo onom vatrom posle koje ne pomažu mnogo silne pomade, ali je još bilo lice privlačne žene, još sezonu, dve, reklo bi se, a onda sasvim druga odeća, marama oko vrata, možda poslednja maska na licu pre hirurškog zatezanja face. Deset godina kasnije, nje tamo više nema, ona ne stanuje više tu. Nema ni njenog muža, kratko ošišanog vremešnog biznismena serijskog izgleda već tad malo pogrbljenog, koji je samo jednom navratio na gradilište i prošetao preko dvorišta. Nema ni onog mladog Šveda koji je živeo u starom, prizemnom delu zgrade sve vreme dok se gradila, proširivala i nastajala ova sadašnja nova hacijenda u kolonijalnom stilu s velikim bazenom pored nje koji je tu od ranije i malom kućicom za kupače punom suncobrana, drvenih i platnenih stolica na razvlačenje, koluta plastičnih creva, plastičnih kanti i četaka za održavanje bazena, drvenog nameštaja i plakara poluotvorenih vrata i napola izvučenih praznih ladica, ležaljki od bambusa, slamnatih šešira i prostirki od ražane slame smotane u tube i prislonjene u uglovima, plastičnih natikača i okačenih naočara za vodu na praznim vešalicama.

Mladi Šveđanin imao je crvenog mustanga i gledao mu je često ispod haube naginjući se preko rubova blatobrana. Bio je rođak, domar, pratilac gospođe Šveđanke, najverovatnije njen mlađi tucač, doradnik u braku doveden iz bivše domovine Švedske. Bio je simpatičan i nama. No samo nagađam, govorim što je moglo biti i do kakvih je promena moglo doći, a neminovno je i došlo, za ovih deset godina otkako smo otišli i nismo se više vraćali tu.

Voleo bi da ždraknem malo tu kuću ponovo sad i da prošvrljam bar malo okolo ako ne bi mogao već da uđem unutra. Da vidim poteze svoje četke na gredama koje su bile izukrštane po fasadi pa makar da onda odustanem od tog besmislenog zurenja u zidove koji su drugi posle nas već malali i malali, da se popnem na tavan i na jednom binderu pronađem svoje ime koje sam napisao farbom pored imena nekog nepoznatog stolara Ralfa, koji se gore sklanjao da na miru ispuši cigaretu a posle celi božiji dan nameštao jedna jedina vrata na sobi. Precizni zabušant koji je zamračivao prostoriju usred bela dana da bi video prolazi li svetlost radničke lampe upaljene u hodniku, nekud mimo zatvorenih vrata kroz neku rupicu ili pak ta svetlost pravi kakvo sečivo između vrata i štcka. Zašto najzad ne legnu kako treba u štok i ne otvaraju se pritom nečujno kao da su obložena penom i pamukom. Ali na kraju sve je konačno dovedeno u red. Svetlost se gasi, odmračuje se prostorija, otvaraju se vrata, belina dana prodire koso i osvetljava uzan hodnik kojim prolaze radnici. Jedan se tu zadržava duže nego obično i gleda nešto u visini gde se susreću plafon i zid. Zagledan je kao u horizont iza kojeg treba da svaki čas izađe sunce, ali radi se tu o poslu, o rešavanju nekog problema.

To je onaj vitki snažni stranac. Evo ga na zadatku, na farbanju onih ukrasnih ugaonih lajsni što se pružaju duž dugog uskog hodnika i čine razmeđe i razdelnicu između stropa i bočnog zida. Muči ga izgleda visina: posao se mora obaviti uz stalno premeštanje dvokrakih drvenih merdevina jer dotični ne zna i ne može da ih koristi kao štule što je nekad video da rade moleri u njegovom kraju. Ali i da može i da zna to da izvede i tako se krećući obavlja posao, to je neizvodljivo iz najmanje dva razloga. Ove merdevine ne omogućuju svojom konstrukcijom takve pokrete, nisu klimave kao babin zub, kao one tamo u zavičaju, i drugo, hodnik je tako uzak i dug i važan putni pravac mnogim majstorima drugih struka koji se neprestano muvaju sa svojim alatom po ogromnoj nedovršenoj kući, da bi se svaki čas morao sklanjati nekom a posao je i delikatan; skrene li četkom malo ukrivo eto te već pišeš po zidu drugom bojom a to se ne sme dogoditi jednom evropskom majstoru četke. I onda u masi praznih velikih konzervi koje kao kante za vodu imju onu polukružnu preklapajuću dršku od čelične žice vidi spas! Vidi rešenje! Jednostavno ih natiče tako prazne i zatvorene na stopala a polukružna žičana drška je tu da se stopalo uvuče ispod nje i pri tom sve to sveže razvezanom pertlom sa belih sprinterica. I stvar je rešena. On je za tili čas viši za tridesetpet centimetara a i inače je najviši sem Kleja u ekipi *pejntera* i zato mu i dodeljuju često poslove vezane za visinu, plafone i krovove. Farbar hoda na štulama napravljenim od priručnog materijala zaostalog kao sporedan proizvod bezvredne ambalaže već upotrebljene tvari. Uz to, još nikom normalnom tako nešto nije palo na pamet u ovoj kući. Dalje, pomagalo odlično funkcioniše i izaziva opštu pažnju okoline. I gazdarica u prolazu u svom belom šortsu dobacuje nešto prvi put u smislu spominjanja imena štula, ostatkom jezika graditelja vavilonske kule, spominje tu reč koju svi razumeju ma sa koje strane sveta dolazili. Njoj je ova štedljivost i praktičnost zapela za oko i izmamila konačno neki komentar. Inače je upravo iznad priručnog telefona njenog privatnog broja koji koriste svi živi na gradilištu ali i pošteno plaćaju i to samo u poslovne svrhe, okačila račun na kome ima nekoliko poziva za koje se niko nije javio da ih plati. Evo kako milijarderi u dolarima štite svoj imetak od nesavesnih telefonskih brbljivaca koji po vazdan rintaju po njihovoj kući:

661-5266 30 sekundi   773-2759575 25 centi

Dejvid Hovlet, gazda svih farbara koji se motaju po ovoj hacijendi, inače čovek srednjeg rasta i bokserske figure bez ustezanja oponaša svog radnika i tako i sam postaje viši za tridesetak santimetara svezavši na svoja stopala dve prazne kante od farbe, zatim se začuje smeh i nekoliko aplauza a onda je eksperiment gotov i prazne kantice se skidaju s nogu ali fazon ostaje upamćen i ide u antologiju farbarskih dosetki. Vrata tog sećanja se na ovom mestu zatvaraju, jednostavno se zalupe.

Baciti samo pogled iz daljine na tu kuću, stojeći na kapiji nakon deset godina, ne bi vredelo ništa. Ispred kuće je ogroman travnjak, kao da je zaustavljen u rastu, na kome se naziru koncentrični krugovi ostali iza velike snažne kosilice. Ispred kuće se dižu tri breze kao cvetovi iz neke plitke ogromne saksije ukopane u zemlju do samog ruba. Okolo su smrče koje nadvisuju kuću i na svakoj strani kuće nalazi se po nekoliko stabala. Neka gotovo dodiruju zidove svojim granama. Jedno stablo diže se pored samog kaminskog dimnjaka ozidanog od sitne cigle uz koju se s promenljivim uspehom penju zelene trake sitnog lišća neke puzavice. Pada u oči limena pločica prikovana desno na zatvorenoj kapiji:

Private property

On je zalepljen za neki prozor, šmirgla mu okvire i trlja gore-dole dlanovima po glatkoj drvenoj površi-

46

ni, čuje se samo zvuk šmirglpapira kroz koji već oseća toplotu na vrhovima prstiju. Počeće već da iskaču iskre, da se puši njemu ispred nosa; gleda kroz otvoren prozor na kome još nema zastakljenih krila i kapaka. Radnici se motaju po dvorištu i iznose neki otpad u veliki kontejner. Šta se tu sve ne baca. Za malu sitnicu, za mali nedostatak, pukotinu ili ulegnuće odoše kompletna još neugrađena vrata, ode krilo plakara novo novcato, komadi greda da ih upotrebiš sutra za neku rukotvorinu, neku manju građevinu, ali ne, sve ide u kontejner. U njemu materijala: mogla bi se još jedna ovakva kuća napraviti! U dvorište onda ufurava crni džip, izlazi ekipa poslovnjaka na čelu sa nekom ženom, ona je šef. Gledaju gore u prozore i upućuju se na glavni ulaz. Radnici ih propuštaju gore na sprat. Počela je neka strka, nešto nije u redu. Strance nema ko da primi. Svi šefovi su trenutno van gradilišta, petak je i popodne je prevalilo. Nema ni glavnog nadzornika, razume se, sve sama radnička sića zainteresovana samo da odradi svoju šihtu onim umerenim sigurnim tempom i da svoj posao završi bez vidljive greške. Šta rade drugi, oko čega se bakću, kud se muvaju, to nije njihova briga, oni na okolinu gledaju kao na zdravu konkurenciju, podsticaj, katkad samo publiku pred kojom valja dobro odigrati svoju ulogu ali s kojom treba izbegavati nepotrebne kontakte, suvišno trenje, ne smetati joj i vrzmati se stalno oko nečeg podalje od nje, jer sedneš li na stepenište ili u ugao sobe van vremena ručka, upašćeš svima u oči mada ti niko neće ništa reći. Eto kroz tu i takvu gomilu ide ova delegacija, nešto zapitkuje te ne previše zainteresovane ali pristojne i uljudne radnike i dobija stalno isti negativan odgovor. Evo ih već trampaju uz stepenice bez nade i penju se na sprat na kome on struže po prozorskoj dasci. Naćulio je uši da čuje pitanje.

– Znate li gde se nalazi soba za vežbanje?

– Ne.

– Hvala, izvinite.

Ali taj stranac u gomili Amera koji još ima problema s jezikom i komunikacijom zna gde je soba za vežbanje, nevelika prostorija usred kuće između pedesetak manjih i većih odaja u ovoj velikoj dvospratnici koja ima oblik potkovice, obris buduće sreće. To je soba bez prozora koja duž jednog od zidova ima samo svetlarnik, gore visoko pod plafonom, od mutnog neprozirnog stakla.

Radeći nedeljama sam samcat na gradilištu, farbajući neke površine kuće koje su samo toga dana mogle biti pošteđene tuđih koraka i dodira i mogle samo tad na miru da se osuše, stranac je ostatak radnog vremena provodio u velikoj sobu u jednom prizemnom krilu zgrade u kojoj se nalazio ogroman sto i na njemu veliki detaljni plan svakog sprata kuće s tačno označenom namenom i svrhom svake prostorije. Pošto je u gotovo svakoj sobi u toj kući morao da provede jedan deo vremena radeći u njima i ponovo se vraćajući u njih da dovrši ili započne neku radnu operaciju na stolariji ili zidovima, on je voleo da zna gde se nalazi i šta radi. Tu gde je listao taj plan razastrt po velikom stolu trebalo je da bude biblioteka sa nekoliko hiljada knjiga; zamišljao je budućnost te prostorije. Naseljavao je tu kuću ukućanima, popunjavao stvarima i predmetima, zamišljao često zamršene ali uvek sretne odnose u njoj ni nalik onim iz sapunica, serija koje je katkad gledao u zavičaju. I sam je ponekad bio u raznim ulogama u toj kući potpuno nezavisno od svog sadašnjeg bitisanja u njoj: zamišljao je sebe kao nekoga ko je tu dospeo samo kao gost i kome je privremeno dodeljen na korišćenje luksuzan stan u jednom krilu zgrade. Bio je začas dete na stepeništu koje očekuje od nekud povratak svojih roditelja i već čuje njihov glas u prostranom dvorištu ili iza nekih zatvorenih vrata; bili su nečim obradovani i donosili su uvek neku dobru vest u kuću i saopštavali je njemu lično. Bio je katkad glava familije koja je u svom kraljevstvu u biblioteci, na vrhuncu svojih fizičkih i umnih moći, koja rešava neki trenutni problem koji i nije problem nego još veće zadovoljstvo koje očekuje njega i sve njegove u ovoj kući. Kako je život bio lep tu u toj srećnoj kući punoj dece, smeha i veselih lica ali ničeg previše u domu u kome ništa nije nedostajalo, gde je sve stajalo na svom mestu, od skupocenih vaza iz perioda neke kineske dinastije, Rembrantovih i Dalijevih platna po zidovima, do nizova i nizova retkih kožnih poveza debelih knjiga, muzičkih stubova i velikih TV ekrana i automobila i džipova ukućana parkiranih u popločanom dvorištu između redova cveća raznih boja. Svežina u zraku dolazila je od mlake plavičaste vode koja se ljuškala u punom bazenu pored kuće koji čeka kupača da dođe iz one sobe za vežbanje pune tegova, opruga, para stajaćih bicikala, pokretne daske za hodanje u mestu, švedskih lestava pričvršćenih uz zid.

Tu sobu je sad tražila ta trojka došljaka na čelu sa onom mladom poslovnom ženom. Tu sobu koju će za tili čas osmotriti, izmeriti joj visinu i širinu, odrediti položaj budućih sportskih sprava, rekvizita koji će tu biti ugrađeni po meri i na najboljem mestu kada za to dođe vreme. To je ta buduća soba koja će na najbolji mogući način služiti ukućanima, gde će se održavati kondicija i vitkost linije i krepiti snaga, gde će se radosno brisati znoj sa čela i u penjoaru kasnije odlaziti pod tuš ili silaziti na prilaze bazena u srce vlastitog neosvojivog i neprolaznog carstva. Za tu sobu sad momentano zna samo stranac i misli da je on jedini koji to zna, ali sigurno je jedno: jedini je koji odgovara na pitanje elegantne žene u pratnji dvojice ljudi i kaže glasno u njihovom pravcu:

– Ja znam gde je soba za vežbanje!

– Oh, najzad, pokažite nam molimo vas.

I onda ide na čelu te pristigle delegacije sprat više i dovodi ih pred zatvorena ali ne i zaključana vrata sobe za vežbanje.

Stajati tako pred tuđom zatvorenom kapijom i zuriti u tuđi raj nalaziti se pritom i na delu privatne ceste koja se tu završila i nikog ne videti u obližnjem dvorištu niti nazreti neki lik na prozorima, ne znači ni sam ne biti primećen. Treba se zaputiti slobodno prema kući ili se okrenuti i vratiti natrag na glavni put. Stajati kao ukopan pred tuđim ulazom u najmanju ruku je otkačeno ako ne i opasno, zato se treba odlučiti što pre.

Kada dođem tamo i budem stajao ispred one Šveđankine hacijende na kojoj sam i ja prolivao znoj, znaću valjda šta treba tad da uradim.

POVIŠICA

I bi sreda, dan treći, dan boga nebesa čije se ime Vodena jasno zadržalo u nazivu tog radnog dana u vascelom svetu koji govori engleski – Wendesday. Zna li ko na ovom gradilištu tu beskorisnu, nepotrebnu činjenicu, tu suvišnu informaciju za koju nema mesta u čistim glavama, u bistrim umovima, koja nije poznata, niti treba da bude poznata ljudima koji žive u stvarnosti i u sadašnjosti, čije oči su uprte u budućnost i koji koriste svaki trenutak svoga života svesno, koji znaju da su na vrhu sveta da gledaju odozgo na okolinu, da žive u najboljem od svih mogućih svetova. To su živi ljudi koji ne sanjaju, već žive san. Ne može proći mimo njihovog radarskog zapažanja svih mogućih zbivanja oko njih, onaj strančev gest; čin koji je nekom uštedeo novac, uštedeo vreme, sprečio da stvar ispadne neverovatna; kako niko od stotinak i više prisutnih koji se pomno bave obnavljanjem skupe velelepne građevine ne zna o njoj ništa više od ljudi koji se tu nađu prvi put u životu. Čudno bi još nešto bilo, da ta vojska radnika uopšte funkcioniše i da je u stanju da sama dela bez i jednog jedinog šefa na gradilištu. I kako da ne bude čudno i ne upadne u oči to da je stvar spasao stranac, da je stranac koji natuca engleski i koji je tek odnedavno na toj građevini, pokazao predstavnicima firme za izradu, ugradnju i nabavku svih mogućih rekvizita za rekreaciju, gde se nalazi soba za vežbanje, ta bezlična, zabačena, tamna prostorija za koju bi se pre reklo da će služiti kao ostava, smočnica, špajz. Ali radni dan je sred nedelje i svi šefovi su tu na svojim mestima na čelu sa prvim kapetanom, glavnim bilderom koji traži od potčinjenog, vođe farbara, da lično vidi stranca koji je u petak spasao stvar na gradilištu.

Ide se na raport tu negde u hacijendi u jednu ogromnu praznu sobu u kojoj se izdaju dnevne zapovesti. (Tu će i kad započne život ove kuće biti tako jer to je dnevna soba u kojoj će glava porodice najduže da boravi.) Dejvid Hovlet, farbarski preduzimač čiji je radnik pokazao visprenost, smrtno je ozbiljan dok saopštava redovu da odmah krene sa njim. Redov je malo uplašen jer je u nedelju sam samcit bio na gradilištu i farbao neke nedostupne uglove oko celog krova kuće: završne preseke krajeva šindre niz koje će da se sliva kišnica u još nepostavljene oluke, farbao je visoku oštru liniju koja je opasivala celokupni krov građevine, činila izlomljenu crtu bez kraja, liniju zbog koje je trebalo, da bi bila dostupna ruci i kistu, visoko biti, svaki čas silaziti i penjati se uz aluminijumske merdevine, podizati ih i spuštati, prilagođavati im visinu blizini krovnog simsa i sve to obavljati na miru, u nedelju, kao bogohulnik, dok su drugi u crkvi, u šetnji, na golf ili teniskom igralištu. Posao je iziskivao dosta vremena, strpljenja i snage ali je bio završen sat, dva pre roka. Redov se namestio na terasu posle toga, s koje se video krivudavi put kojim se jedino moglo doći na hacijendu vozilom. Uvalio se u drvenu naslonjaču na zaslužen odmor, podigao noge na ogradu. Sedeo je kao gazda kuće i uz to pio duplu kafu koju je iscedio iz automata kojeg je prvi put tad video na gradilištu. Pored je stajala kutija puna sićе, ona kutija savesti, a na kutiji poruka onom ko se posluži i sam natoči vrelu crnu tečnost i istrese u nju šećer koji stoji u staklenki odmah pored kafeautomata, da ubaci unutra dolar. Ali tog puta sve je bilo gratis, pa bila je nedelja, pobogu, i ko bi spustio bez potrebe dolar u prepunu kutiju. Ništa ne dirati iz nje ali ništa unutra ni ubacivati. Kafa je toga dana bila besplatna.

Redov je pomislio da ga zovu na raport radi tog greha i zato što je tog dana nekoliko puta muzao taj

51

aparat besplatno. Drugih grehova nije bilo niti ih je znao a da su imali neke veze sa radom, farbanjem i gradilištem. Ali, ko zna? Možda je ovo veliki greh za Ameriku? Na ovom nivou sve je čisto i bistro, ovde skupi sat zaboravljen na dasci i položen tu dok je trajao *lančtajm*, preživi i bude vraćen sutradan vlasniku a pošteni nalazač čak se i ne javi. To je ovde normalno. Uočio je odmah tu karakteristiku običnog američkog čoveka. Dejstvo one grane na velikom hrastu na trgu ispred kuće gde je stanovao, ovde još deluje na prost svet, na narod koji se vrzma okolo radeći da bi preživeo. Dumaj i razbijaj glavu ali nema ti druge nego ćeš uskoro stati pred glavnog majstora, videćeš glavnog masona svoje radničke lože i čuti njegovu presudu koja se ne može izmeniti nikakvom žalbom, iskupljenjem i ispaštanjem.

I onda: Bogo dragi, ala nas vlastiti mozgovi muče! Nasuprot crnih slutnji padaju čestitke za ono u petak, za sobu za vežbanje, za spas situacije koja nije smela da se dogodi i koja se više ne sme ponoviti, ali ovde se uvek nađe neko tu, da stvari idu svojim tokom pa bio to makar stranac, turista bez zelenog kartona, radnik na crno.

Stranac dolazi iz zemlje u kojoj se pojavila Gospa. Da. Stranac je pohvaljen pred svojim neposrednim starešinom, zadovoljni su i srećni obojica. Stranac bi bio unapređen, postao bi šef grupe ali još sporo odgovara na telefonske pozive, inače brzo kopča stvari, uči jezik i prihvata posao. Ozbiljno shvata zadatke. Tu retoriku je već ranije čuo na svom jeziku, istina retko kad upućenu njegovim ušima. Ali biće mu podignuta od tog dana, od te srede satnica za ceo celcati jedan dolar. Za cenu one neplaćene kafice srknute u nedelju iz automata koji je pripadao kasti stolara koja se non-stop motala oko njih i s kojom su živeli i radili u onoj vrsti Darvinove simbioze koja stvari gura napred.

SUPERMEN

Pored toga što sam bio proglašen za čoveka kome dobro rade klikeri, moj gazda Dejvid Hovlet raspričao se posle jednog događaja, okolo, Amerima, kako pored bistrine uma neubičajene za jednog farbara posedujem i moć prekognacije, kako mogu i umem da predvidim događaje. Imam neke osobine indijskog gurua ili nekog šamana! Pouzdano je da imam moć predviđanja i da sam vidovit jer se u to lično osvedočio budući sveštenik, pastor Dejvid Hovlet dok je jednog dana bio za volanom a iza njega sedeo njegov farbar Bob Kravić.

Jureći jednog jutra niz prepunu aveniju kojom smo prolazili svakog dana u odlasku i povratku, nedaleko od naše ulice i kuće ispred koje nas je Dejv pokupio u svoj kombi, iz jedne poprečne ulice sjurio se na nas biciklista kome su otkazale kočnice i zabio pravo u naš ven. Udario je u njega postranice pošto je Dejvid Hovlet koji je bio za volanom uspeo naglim manevrom da izbegne direktan sudar. Ispalo je da smo samo okrznuli biciklistu i da je snažnije lupio u nas nego mi u njega. Čuo se taj udarac u lim jasno i glasno a mi smo nastavili još pedesetak metara da se kotrljamo sve sporije i sporije dok kombi gotovo nije sam stao i ugasio se. Dejv je bio uplašen i ukočen, u tom trenutku potpuno izvan sebe ili u nekom sićušnom kutku, možda čak i u svojoj vlastitoj peti u koju mu je sišlo i srce. Bio se pretvorio u lutku koja nije u stanju ništa drugo da uradi dok sedi nameštena za volanom vezana sigurnosnim pojasom preko grudi, sa rukama na upravljaču koje će svakog časa klonuti dole pored sedišta. To je ona lutka koja udara zajedno sa vozilom u zid kada simuliraju saobraćajke i čeone sudare i na koju su prikačeni razni merni instrumenti koji registruju snagu udarca i izdržljivost materijala. To je lutka čija glava na usporenom snimku šiba u vetrobran koji se lomi, pa se vraća nazad i udara o naslon sedišta kao praćka. To su milioni glava koje odlaze u nepovrat dok ljudi i dalje

sede za upravljačima svojih i tuđih prevoznih sredstava a noge im kržljaju li kržljaju.

Iza nas na traci ostaje neko da leži pored prevrnutog bicikla. Kada se naše vozilo konačno zaustavilo nastao je tajac u njemu i niko se nije nikud micao, čak se niko nije ni okretao da vidi posledice događaja koji ih je sve šokirao. Ali radnik čiji su klikeri od ranije pohvaljeni a od tog trenutka otkrivena još jedna čudesna osobina: bogom dana moć zavirivanja u blisku budućnost, prvi se pokrenuo, došao sebi, video da sedi u gomili skamenjenih ljudi, digao se sa zadnjeg sedišta, otvorio stražnja vrata *vena,* izašao iz njega i našao se začas na kolovozu koji je bio prazan sve do nepomičnog bicikliste. Iza njega su ostala otvorena vrata kombija punog nepokretnih trgovačkih lutaka koje su prevožene da s njima popune izloge one velike farbarske robne kuće u koju su odlazili povremeno u kupovinu materijala, četaka, belih radnih hlača, gde su trebovali galone raznoraznih boja čitajući njihove nazive, duge brojeve i šifre s listova papira koje im je uručivao neki dizajner ili arhitekta unutrašnje dekoracije sa građevine na kojoj su radili. Muvali su se često po toj ogromnoj prodavnici gde je bilo svega i svačega iz njihove branše. Ispred te specijalizovane robne kuće koja se na jeziku domaćin zvala Razvoj i stranca podsetila na ona silna socrealistička imena kakva su davali državnim firmama i trgovinama u njegovom zavičaju, bilo je parkirano mnogo *venova* sličnih njihovom iz kojih su izvirivali farbari. Okolo su se vrzmali preduzimači, na trotoaru ispred te velike trgovine razvila se i neka vrsta berze rada, pijaca farbara i molera, gde si mogao za tili čas da promeniš gazdu, da budeš ustupljen drugoj ekipi na kaljenje a onda ponovo vraćen u stari tim, da se drzneš i sam ugovoriš dnevnicu za sebe i odabereš posao za koji si zainteresovan trenutno; da na kraju sam formiraš ekipu i sam započneš biznis malanja i farbanja i uspeš u tom ili propadneš.

Ali do sad najbolje je bilo sa Dejvom Hovletom, boravi u njemu neka prepoznatljiva dobrota za koju

čovek misli da ju je oduvek poznavao. Liči na nekog ko se odvajkada blagonaklono ponašao prema nama. Ko nas je uvek amnestirao i branio od optužbi; liči na nekog ko bi se za nas popeo na krst, ali se katkad razljuti u trenutku bi čoveka strpao u top. To je Dejvid Hovlet, eksperimentalna lutka za volanom svog kombija koja čeka da vozilo bude katapultirano i najzad udari u nepomičnu tvrdu prepreku kakva je visok zid i rasturi se na sve strane u toj simuliranoj nesreći. Ali ta živa lutka koja se ukipila, nepomična, učestvovala je maločas u pravoj saobraćajki i možda u okončanju jednog nepoznatog života koji je naglo prekinut u ovom sudaru.

Ta ekipa koja se nalazila oko Dejvida Hovleta u *venu* ipak nije išla u kupovinu tamo pred onaj veliki šoping niti da tamo traži novog posla i drugog poslodavca, već je pokazivala svojim trenutnim držanjem da ide tamo samo zato da je kompletnu posade u izlog između onih silnih kanti, merdevina, četaka i raznih drugih začkoljica, jer evo ih oduzeti su, uplašeni svi do jednog, ne dišu i nikud se ne pomeraju sa sedišta, sem jednog a zna se koga: onog koji je gazdi Holvetu neposredno pred ovu saobraćajku dok se ona ustvari ničim nije mogla ni naslutiti, rekao jasno na uvo ponovivši to dva puta: Cik-cak Dejv! Cik-cak! I da Dejv Hovlet nije za minut, dva kasnije i uradio, kada je pred njim iz poprečne strme ulice iskočio biciklista, stvar bi se završila klasičnim gaženjem a ne tek bočnim udarom u meki postrani lim; ne bi sve prošlo samo sa dve, tri ogrebotine i nekoliko masnica posle brzog dolaska svesti bicikliste koji je još nepomično ležao na kolovozu kada je iz kombija izleteo mladić u belom.

Stigao je do opružene, nepoznate prilike pored koje je ležao bicikl deformisanog prednjeg točka i u položaju kao da je samostalno došao s treće strane i učestvovao u ovom sudaru nezavisno od ikog i ičeg. Bila je to plavokosa devojčica koja je ležala u nesvesti. Nije na glavi imala onu zaštitnu biciklističku kapu koju su ga naterali da stavi na glavu kada se i sam jednom spremao da ovde zajaši nečiji posuđeni bicikl.

Stranac je bio neobično priseban. Gotovo iskusan, reklo bi se, u sličnim situacijama. Snalazio se na ulici samouvereno vladajući gustim saobraćajem koji je odmah zauzdao pokretima koji su svakom vozaču bili jasni. Odgovarao je u hodu na pitanja koja su mu postavljali ljudi iz maksimalno usporenih kabrioleta, pokazivao je nešto rukama i klimao glavom putnicima koji su promaljali glave iz otvorenih bočnih prozora na vratima prolazećih automobila. Prosto kao da je već vršio uviđaj a istovremeno obezbeđivao lice mesta do dolaska istražnog sudije, saobraćajnog inspektora, kriminalističkog tehničara, dok se oko tog mesta ne postavi ona žuta beskrajna traka na kojoj piše *policija,* dok ne počnu da sevaju policijski blicevi i stanu da se razvlače merne pantljike i postavljaju oni brojevi koji će da se vide na fotografijama ispod kojih će pisati: mesto i položaj u kome je nađena povređena; zemlja koja je prilikom kontakta bicikliste i kombija otpala ispod blatobrana vozila i nalazi se na kolovozu; mrlje krvi iscurele iz nosnica učesnice u udesu; desna patika marke *najk,* pronađena u neposrednoj blizini mesta udesa, a koja je pripadala povređenoj.

Devojka je bila živa, to je prvo utvrdio a zatim je njenu ruku prepustio čoveku koji je već čučao pored devojke, slučajnom prolazniku koji se za sve to vreme glasno milio bogu i tako odredio svoju ulogu u saniranju nesreće i potpuno opravdao svoje prisustvo na tom mestu. Ali bilo je to normalno samo za ovdašnja shvatanja. Stranac bi ga već odavno udaljio od devojke i zapretio da ne prilazi više u njenu blizinu i ne gazi po tragovima udesa da se sve to desilo tamo u njegovoj zemlji. Stigla je i susetka sa jastukom za pod glavu i ćebetom da se nesretna devojka ne bi prehladila. I njoj bi stranac pokazao da se udalji da je bio na nekoj raskrsnici u svome zavičaju i da se sve to desilo na putu ili ulici u njegovom gradu gde je nekada zarađivao

hleb izlazeći po pozivu na ovakve dogđaje. Ali tu pre-
staje svaka sličnost sa onim događajima tamo, nekada
davno u domovini.

Sad su u trenu jedna za drugim stizla policijska ko-
la, vatrogasci, ambulantna pokretna operaciona sala. Nije
ovde bilo lako umreti, kuca li u tebi i poslednji damar.
Začas, stranac je bio okružen sedmoricom ili osmo-
ricom uniformisanih ljudi čije su odore bile tamnoplave
a značke jasno sijale na jednoj strani njihovih grudi.
One šestokrake ili pre osmokrake kape sa šiltom na gla-
vama ili pod pazuhom. Sa bokova su im visile futrole
u kojima su mirovali oni veliki kolutaši napunjeni me-
cima za različite potrebe i namere, marke magnum. O
njihove opasače bile su okačene sjajne lisice kao da
dolaze iz jedne jedine fabrike u svetu i duge drenove
palice presvučene kožom sa onom kratkom izbočinom
kao rogom nosoroga koja je davala pendreku nesluće-
ne mogućnosti.

Stranac je iz ove gradske scene u kojoj je učestvo-
vao kao neki beli supermenov saradnik za manje de-
likatne nesreće osetio onaj trenutak kada se sve ponovo
vraća u stvarnost, kada se treba ukloniti iz tog realnog
sveta i ponovo uspostavljene kolotečine, trenutak u
kome je prestajala njegova uloga i završavala se ta
napeta scena i njegov mali podvig. Trebalo je nekako
sunuti u visinu iz ove gomile, iz ovog kruga stamford-
skih plavaca koji su ga okružili. Trebalo je mahnuti
onom narodu dole i nestati u visinama kao anđeo čuvar.

Umesto toga lagano se izvukao idući unatraške iz-
među okupljenih policajaca zauzetih postavljanjem
prvih pitanja prisutnima o događaju koji se maločas
odigrao na njihove oči. Kad su došli do pitanja o pr-
vom očevicu koji se prvi našao na mestu događaja i
profesionalno ga obezbeđivao do njihovog dolaska
čuli su samo da je to bio stranac i da se nalazio u kom-
biju u kojeg je udarila devojka na biciklu. Stranac koji
se vratio među one lutke koje su već bile malo oživele
u *venu*. Vratio se na svoje sedište i nekako se neobi-

čno ukočio i nastavio nepomičan da zuri nekud daleko iznad zelenih krošnji koje su se pružale u nizu pored avenije na kojoj su još bili zaustavljeni. Kao da je gledao za nekim ko je maločas isčezao u tom pravcu i nestao sićušan u plavetnilu iza jednog beličastog oblaka koji je plovio iznad grada. Ostao je tako ukočen i nem i kada je Dejv Hovlet pokušavao da ga prodrma pružajući mu ruku i govoreći mu, čas gledajući u nebo, čas u strančeve odsutne oči:

– Hvala Bob!
Hvala Isuse Hriste!
Cik-cak, cik-cak!

III

UKAZANJE

.

Amerika će biti uništena vatrom, Engleska vatrom i vodom, a Rusija padom dela Meseca.

N. N. proročanstvo

MILIJARDER

Dan, dva u nedelji, katkad i celu nedelju izbivali smo s našeg glavnog gradilišta kojeg smo krstili imenom: Šveđankina kuća. To je bio radni naslov te građevine na maternjem jeziku farbara oko koje su se vrzmali celu tu građevinsku sezonu provedenu u Konektikatu slažući zelembaće svakog petka u kešu na ruke.

Odlazili smo i dolazili tu povremeno i ostajali onoliko koliko je bilo potrebno da se završi neka operacija, neka faza u poslu. Posle smo ustupali mesto drugima da se iskazuju, da uvrću šrafove, pune one sendvič zidove nekom izolacijom, prislanjaju one table na te poprečne zidove između prostorija kao pozorišne kulise, pričvršćuju ih onim škorpionima koji bljuju eksere i zakivke, lepe trake na njihovim sastavima i onda to ostavljaju da mi po tom udaramo svoje cake, sloj po sloj, nedelju po nedelju, mesec za mesecom.

Kad god smo se ponovo nalazili na poslu u toj velikoj hacijendi u kolonijalnom stilu, ona je bila sve bliža i bliža svom krajnjem željenom izgledu i stanju. Približavalo se vreme kada će kuća biti završena i kada će se u nju useliti Smrt kako kažu Kinezi u jednoj svojoj poslovici. A Kineza izgleda da nije bilo jedino tu na gradilištu. Nisam video za sve to vreme ni jednog kosookog među nama. Posećivali su nas s vremena na vreme izaslanici nekih firmi koje su udarale šlag na završetku te torte ili nešto tako što je dolazilo na kraju i među njima mogao se videti neki melez, kosooki koji se verovatno rodio ovde u Americi. Bilo je teško skršiti njihovo lice i promeniti one njihove crte što je Amerika uspešno radila svim facama. Onaj *mel pot,* lonac u kome se topio svaki došljak radio je i dalje punom parom ne gaseći se. Bio je uspešan. Znali su recept kako se od ljudi pravi sapun, onaj koji miriše, smeje se na sav glas, govori valjda u svakom trenutku šta misli, ponosi se što je Amer.

Neke čudne stvari ovde su se desile i čini se da se još uvek odvijaju. Ima sijaset teorija o tome. Kao da se ovde reinkarniralo Rimsko carstvo koje se proširilo na sve kontinente, na pola sveta; kao da one prve religije istovremeno doživljavaju svoju ranu mladost a uz njih i različiti izrazi neznaboštva i satanizma. Kao da sve to, sve te verske dečije igre, posmatra s visine onaj kasni protestantski duh dok igra šah s graditeljima sveta, s masonima u koje spadaju i farbari, zar ne.

Tako je izgledalo i na gradilištu Šveđankine kuće: Dojezde odnekud na trokolicama neki patriciji koji s interesovanjem zagledaju kuću, hodaju ruku prekrštenih na prsima kao rimski senatori. Gledaju najslobodnije robove na svetu kako im grade hram. Misle o njihovim dalekim zemljama koje se još nalaze pod vlašću vandala i dvoume se: nadiru li to ta primitivna plemena već na rubove njihovog zlatnog carstva u većem broju nego što je to predviđeno za popunjavanje onog njihovog lonca ili je to prisutstvo stranaca u njihovoj zemlji u tolikom broju, znak skore i sigurne propasti Istočnog carstva. Mi smo glasnici skorih velikih promena od kojih će se zatresti celi svet.

Bob, zašto ne ostaneš da živiš u Americi? Naša crkva pobrinuće se da tvoja žena i deca takođe dođu ovamo. Zar ti nije ovde lepo? Zar već ističe, uskoro, tvoja turistička viza? Ima načina kako se to može srediti.

Ima, znam. Samo nema teorije da vrana ne sleti na glogić. Bela vrana koja se zaputila u svet malo trbuhom za kruhom a više da joj rep vidi puta. Da vidi mesto gde će se reinkarnirati u sledećem životu. Da ne

ispadne totalna neznalica i diletant kada se tu za koju desetinu godina ponovo pojavi u nekom porodilištu i onda krene redom do duboko u sretnu, berićetnu i slavnu starost.

U dane kada zaobilazimo Šveđankinu kuću i odlazimo na manja okolna gradilišta u blizini Stamforda ili Griniča, gde se obično vrzmamo, kada odlazimo u neku kuću koju bojimo izvana dok se iznutra život ukućana odvija kao da nas nema ili dok nekom s punim poverenjem zaposedamo dom u vremenu njegovog višednevnog odsustva i menjamo samo boju kuhinjskog nameštaja, radimo onaj sitničavi posao za picajzle koji mi je bio najmrži; i kad se tu pored nas nalazi naš gazda Dejvid Hovlet i puno radno vreme drži četku zajedno sa nama i pridikuje, takvi dani su teški, puni mističnih doživljaja po tuđim kućama, puni svakojakih misli i bremeniti novim utiscima. Prosto je biće zasuto nečim kao posle zemljotresa; samotno ali ugroženo zbog nedostatka vazduha i mogućnosti da se pomeri i ode kuda želi.

U jednom danu zaviriš u tri familije, radiš neke sitnice, nešto ispravljaš što si ranije zabrljao – vraćaš se kilometrima da nekom kažeš kako je jedan radnik u oluku zaboravio praznu staklenu čašu pošto je iskapio koka kolu. Pentraš se na krov, skidaš i razvlačiš stepenice samo da bi pronašao tu staklenku i vratio je začuđenim ljudima koji samo odmahuju rukom. Ali ne, čaša može da začepi oluk, oluk može da se napuni vodom, voda može... itd. u tom smislu, kada Dejvid Hovlet počne da drobi mušteriji! Treba je držati na vezi, Ameri vole sveže boje, svake godine ima nešto da se farba. Nije to kao tamo kod nas. Sve se bojadiše samo jednom u svom veku. Tamo se testira istrajnost i dugovečnost materijala, postojanost boja na nebrigu, tamo se mere granice svih mogućih neodržavanja i zapuštenosti, granice izdržljivosti živih bića na sve moguće nedaće. Tamo se postižu svetski rekordi u istrajnosti, tamo ne važe rokovi trajanja, tamo može da se odvija očigledna nastava, da se prikuplja materijal

za doktorske disertacije o tezama koliko čovek može duboko da zaglibi u govna.

Onda te neko vrati u stvarnost, neko kao što je Dejvid Hovlet i pita: Bob, kakav si bio u tinejdžerskim godinama? Stranac odgovara da nije baš bio anđeo, bežao je od kuće, zapućivao se na Zapad kao maloletnik. Dejvid Hovlet je svašta radio po Njujorku, krao ženama torbe vozeći se na brzim motociklima, provaljivao u tuđe kuće, drogirao se, sve je radio samo istina nije nikada nikog ubio i sad se nalazi na pravom putu zahvaljujući Isusu Hristu zbog koga sklapa ruke i gleda gore u nebo. Ima porodicu, šestoro dece a sedmo je na putu. Dao im je biblijska imena. Postaće jednog dana pastor crkve koja ga je vratila na pravi put, crkve Kapija vere. Nema veze što stranac odbija da se krsti jer kaže da je već kršten. Može u crkvu da dođe kad god zaželi (muzike radi, a ne radi propovedi). Ortodoks, to je vera u kojoj je kršten stranac, i budući pastor je već u duhu verske tolerancije pohvalio pravoslavlje.

Hita se zatim u drugu i treću kuću, u drugu i treću familiju koju obilazimo toga dana. Vidiš odmah ko je namćor u kući, žena ili čovek. Jedno od njih te gleda kao nužno zlo, prosto te dalje ne primećuje, gleda kroz tebe, ne zarezuje te ni s glave. Drugi se trudi, uljudan je, ljubopitljiv i znatiželjan kad vidi da im se stranci nalaze u kući. Iznose sokove, serviraju kafu s mlekom.

Mi se ponašamo kao lutke koje ništa ne vide, ne čuju i ne govore. Zapravo govore, daju od sebe glas samo na onaj pritisak na dugme koje se nalaze negde na leđima ili prsima lutke; kada lutka izgovori onih nekoliko konvencionalnih reči, ne kada plače. Mi nismo bili lutke za plakanje, možda tek nekom rame za plakanje i ispovedanje. Objekti za upoređivanje svoje sreće sa gorkom sudbinom pečalbara. Nekom je taj dan bio vedriji zbog našeg prisustva u njegovom ličnom, učmalom i melanholičnom kraljevstvu. Svetlije boje zasijale su mu u očima. Mi smo unosili u kuću

sigurno je, i tu vrstu svežine. To je znao da iskoristi Dejvid Hovlet i da papreno naplati naš rad; ta, to su evropski majstori, znate, sikstinska kapela, Mikalanđelo, holandsko slikarstvo, bojenje im je uvek išlo za rukom bolje nego nama. Ta, svi smo do jednog profesionalci, provereni i pouzdani; možete ih pustiti same svuda po kući da vam se muvaju, ništa im se neće zalepiti za ruku ni najmanja sitnica, suvenir, bezvredna polomljena stvarčica iz kante za smeće.

Pred kućom u koju vodi poseban put i vijuga čitav kilometar do kapije i koja se nalazi u okruženju velikog travnjaka i nekih šumaraka okolo koji zaklanjaju vidik prema komšiluku, ni za jotu nižeg ranga i manje površine poseda, zastajemo u *venu* kao da se spremamo da tu kuću opljačkamo i gazda nam daje specijalna uputstva. Idemo kod njujorškog senatora, milijardera u dolarima, brodovlasnika, u kuću u kojoj se odvija normalan porodični i društveni život, petljaćemo nešto oko prozora i to će trajati par dana. U ekipi je trojka: Nol, Bob i Bil, Amer i dva Jugovića, ostali nisu uzeti u obzir za taj delikatan i osetljiv posao koji se obavlja, takoreći, na samom vrhu Sjedinjenih Američkih Država, negde u Grinič Vilidžu, mestu gde se legu beloglavi supovi, pravi pravcati Ameri. Na kraju ovog kratkog dogovora ekipe, pre samog prelaska u napad kao na nekoj bejzbol utakmici, Dejvid Hovlet naginje se prema meni i kaže kao za sebe kroz zube: Već sam radio kod njega. Sve je bilo OK, samo je bio stipsa za plaćanje.

NASLOVNA STRANA

Jednom se našao namerno na ulicama Beograda u tankom špaliru sveta jer bila je neka derbi fudbalska utakmica kada je tuda trebalo da prođe ona kolona crnih automobila koja je vremenom sve više išla svima na živce i zbog koje se gunđalo u zaustavljenom gradskom prevozu. Tog puta u posetu gradu i državi dolazio je predsednik Amerike koji će nekoliko godina kasnije pasti kao žrtva afere prisluškivanja zvane Votergejt. Koja sličnost sa jednom gotovo identičnom aferom što je ranije potresla i definitivno izmenila i tu zemlju koju je taj američki predsednik posećivao. Samo ondašnja žrtva te domaće afere koja je, ceni se, promenila tok mnogim stvarima u toj zemlji (neki su govorili nabolje a neki nagore) nije bio predsednik, već njegov mlađi saborac i blizak saradnik, šef policije i njegov nesuđeni naslednik.

Događaj koji se desio prilikom nailaska predsednika SAD i njegove kolone ličio je na incident i po tom se razlikovao od svih dotadašnjih prolazaka domaćeg državnika i njegovih čestih gostiju u to vreme. Predsednički auto iznenada se zaustavio negde na najprometnijoj raskrsnici i američki predsednik izašao je iz auta, pomešao se sa prolaznicima kao da ide u kupovinu u obližnju robnu kuću. Pritom je zastajkivao svaki čas, rukovao se sa prolaznicima, upućivao im pokoju englesku reč i osmehivao se onim poznatim osmehom filmskih glumaca. Tako se približavao mestu na kome je stajao on kao ukopan i činilo mu se da ništa ne može sprečiti njihov susret i srdačno rukovanje. Nije znao zašto je tad želeo da svakog trenutka šmugne levo ili desno i ukloni se s te predsednikove cik-cak putanje ali ga je ipak takvo kretanje prvog čoveka Amerike zbunilo i ostao je i dalje da stoji nepomičan na jednom mestu. A onda, samo dva-tri metra ispred njega, došljak se sagnuo i dohvatio jednog dečačića ispod ruku i podigao ga visoko iznad svoje glave.

Ta slika je sledećeg dana objavljena na naslovnim stranicama svih domaćih novina, dnevnih i nedeljnjih, crno-bela i u koloru, slika kakvu je upravo samo on sa svog nepomičnog mesta mogao da vidi. Gde je stajao nevidljivi foto reporter i kako ga nije primetio? Kako mu nisu zasmetala njegova leđa dok je pravio ovu fotografiju? Predsednik koji je nekoliko trenutaka, spontano ili ne, slučajno ili režirano, bio među njima rukujući se sa svima uokolo, kao da je izašao da traži ono dete i uradi ono što je uradio te ga spusti zatim na zemlju pored iznenađenih roditelja ili pratilaca deteta, pored dede i babe, vratio se hitro u svoju otvorenu limuzinu koja je zatim krenula dalje.

Gledao je tu sliku godinama na zidu svoje sobe. Bila je formata naslovne stranice neke ilustrovane revije, oštra, razgovetna i jarkih boja. Tek kasnije je počeo da zapaža detalje koji mu u prvo vreme nisu zapinjali za oko. Nekada prijatni profil političara u prvom planu koji se osmehivao na podignuto dete u svojim rukama, dobijao je vremenom sve ozbiljniji izgled. Od osmejka ostao je na kraju samo niz belih stisnutih zuba, isturena ljutita brada koja nikako nije pristajala tom veštačkom osmehu, nos koji je sve više skretao svojom dužinom na sebe pažnju i tamnocrna brazda koja je uzduž presecala taj profil kao pukotina u porcelanu koja se širi. Slika je vremenom počela da liči na foto-montažu. Ona ozarena lica oko predsednika zauzetog držanjem nečijeg deteta visoko iznad svoje glave onoliko koliko su mu to ruke dozvoljavale, koja su u prvi mah sva do jednog izražavala samo oduševljenje, gledana ponaosob počela su da pokazuju izraze nekih drugih, pomešanih osećanja. Nisu svi pogledi, kako je izgledalo, bili isključivo uprti u taj prizor koji je bio u centru zbivanja. Pažljivim posmatranjem tih prilika na slici uočavao se nesklad koji u prvi mah nije bio vidljiv. Moglo se na prste prebrojati svega nekoliko likova koji su okruživali predsednika čiji su pogledi i osmesi bili upućeni direktno njemu. Velika većina muškaraca i žena ustvari bili su zaokupljeni nečim drugim. Jedni su gledali na sasvim drugu stranu ulice, drugi su pognute glave upućivali svoj pogled negde prema vrhovima svojih cipela, neki su gledali visoko iznad gomile u kojoj su se našli kao da posmatraju neki događaj koji se odvija na nebesima. Nekolicina je bila jednostavno okrenuta leđima čitavom događaju kao da se isto takav prizor dešava negde nasuprot ulici kojom je prolazio predsednik Amerike i njegova pratnja i kao da u tom paralelnom prolasku neke druge kolone učestvuje isto tako neka važna ličnost na koju nažalost većina još ne obraća pažnju.

Dete na fotografiji koje se nalazilo čvrsto u predsednikovim rukama činilo se da će ukoliko ga uvaženi gost sledećeg trenutka pusti, odleteti ravno uvis kao neka velika krilata ptica, pa da čak to i pokušava dok ga predsednik drži. Ne polazi mu to za rukom samo zato što su mu još nedovoljno izrasla krila, inače bi se to dete istrglo iz ruku predsednika i vinulo iznad gomile kao neki mali anđeo. Moglo je to lako da se desi i da se dečačić s krilima vine iznad načičkanih glava, jer prsti, videlo se to na slici, ruku koje su ga pridržavale, gotovo da su odgurivali to malo telo u vazduh a manje ga držali čvrsto stisnutog. Samo dete je godinama dobijalo starmali izgled oštrog i strogog pogleda upućenog negde između očiju sredovečnog muškarca koji ga je podigao od zemlje. Taj pogled se gotovo pretvorio u pretnju.

A onda je ta slika s naslovne strane tog ilustrovanog časopisa jednostavno nestala sa zida i ostavila za sobom svetli kvadrat koji se ni nakon nekoliko premaza četkom nije izjednačio sa bojom okolnog zida.

Gledao je mnoge slike političara (oko njih se ipak vrteo svet) ali sve su ih, činilo mu se privlačila deca, zadržavali su se u njihovom društvu načas, milovali ih po glavi, štipali za obraz (i sam je imao jedan takav susret) i uvek se tu našao novinar, reporter ili dvorski slikar i susret je zabeležen za sva vremena. Znao je pouzdano da je onaj mali iz ruku predsednika Amerike odleteo kasnije u zemlju čiji je simbol beloglavi sup. Postao je njen državljanin i sada živi negde kao Amer. (To se na žalost ne može više videti na onom zidu i onoj fotografiji ali se mora verovati na reč.)

Da, ali kod njih u gradu živeo je čovek koji je zbog takve fotografije na kojoj je on bio objekt nečije ogromne i iznenadne pažnje, imao i te kakvih neprijatnosti. Ta fotografija pratila ga je kroz čitav život dajući mu na žalost oreol ukletog, zakržljalog bića koje je non-stop pod činima i crnom magijom. Čovek je inače bio sasvim u redu, bankarski službenik, bio je, istina, izuzetno niskog rasta i sitne građe. Za takav izgled i za tu njegovu minijaturnost, šaptalo mu se iza leđa, kriv je jedan svečani događaj za vreme Drugog svetskog rata kada je grad posetio novopečeni državnik novopečene nezavisne države. Dok su njegovu tvorevinu razdirale unutrašnje suprotnosti, teror i gerilski rat a on bio pred propašću i već do vrata u krvi, uputio se u obilazak novoosvojenih provincija. Tako je u tom gradu prolazeći kroz špalir meštana koji su ga pozdravljali zapazio među tim svetom jednu malu riđu glavicu tužnog dečaka i pomilovao ga po kosi. Sledio je kratak dijalog s majkom o vrsti detetove zabrinutosti, zatim majčin odgovor koji je otkrivao porodičnu brižnost za ranjenu glavu u familiji koja leži negde na nekom bolničkom jastuku. Zatim slede reči utehe oboma, svim prisutnim i neprisutnim, živim i mrtvim. A za sve to vreme velika, teška i mesnata šaka ovog vođe smestila se mirno kao neka kapa na dečijem temenu.

Tu sliku lično je video na faksimilu prednje strane nekih ondašnjih novina koje su se zvale imenom te države a članak u kome se opisuje ovaj događaj morao se čitati lupom zbog malog formata faksimila. Pažljiva analiza te fotografije dala bi slične rezultate kao i ona koja je prikazivala predsednika Amerike i onog dečaka koga je držao obema rukama iznad svoje glave. Na prvi pogled ljudi su bili ushićeni i kao da su gledali ukazanje koje je na tren sišlo s neba među njih ali ta lica u špaliru bila su nemirna, uplašena, i kao da su poprskana nečijom svežom krvlju, gledala čas u svoje prazne ruke, čas u nenadnog gosta kome žele da što pre vide leđa. Više su upućivali poglede na ono što je nailazilo za njim, na kolonu vojnih kamiona na kojima su sedeli nepokretni soldati i truckali se kao neki putujući cirkus smrti koji je umesto ringišpila na jednom od drndajućih vozila vukao natovarena pokretna vešala kamuflirana nekim transparentima, klupama i stolicama. Sve je to proradilo uskoro i u tom gradu i njih nekolicina koji su na toj slici stajali u prvim redovima gledajući prolazak tog crnog državnika, uskoro su na tom istom trgu visili na onom kamionu na čijem platou su bila vešala.

Eto to je to: Pita, ko biva, daleko posle rata i onih strahota koje je donelo to putujuće pozorište smrti neobavešteni ali radoznali došljak u taj grad: Zašto onaj bankarski službenik P... nije porastao veći? Zato, odgovara mu meštanin koji se razume u domaće prilike, što ga je za vreme rata pomilovao po glavi S. M.

P... je od pre nekoliko godina ostao s druge strane granice gde je i oduvek živeo a samo je prelazio most do radnog mesta, do bankarskog šaltera. Uostalom, to je nekada bilo u zajedničkoj državi a dva grada koja je delila reka i koja su se nalazila u dve Republike od kojih su danas nastale dve suverene, kakve-takve države, bili su gotovo kao jedan. Njihovi žitelji živeli su zajedno, mešali se ženidbom i udajama, trgovali, pazarili po pijacama i znali svak svakog u glavu. Katkad su zbog neke sitnice bili ljuti jedni na druge i pevali po kafanama:

Preko rijeke pružio se lanac
Oj, Šokice ljubi te Bosanac.

Za poklade, kada su se jedni preoblačili u nošnje drugih i čula se vriska, dolazili su do polovine mosta i bacali u vodu zlo – čoveka od slame, koji je jedne godine imao na glavi fes a druge šajkaču. I to je bilo sve.

A u Grinič Vilidžu na hacijendi one stipse, američkog milijardera kod koga smo proveli na rintanju nekoliko dana bilo je ovako: Čovek okružen luksuzom, potomak je familije brodovlasnika koja je stekla kapital prevozeći onaj silni svet koji je hrlio preko bare u obećanu zemlju. Liči na skorojevića na prvi pogled, ali nije, liči na mladića iz daljine, ali ni to nije. U radnoj sobi, po zidovima diplome čuvenih koledža koje je posvršavao. Slike: On i Regan sa suprugama, on i Buš sa suprugama, verovatno je tu sad još jedna slika: on i

Klinton sa suprugama. On i boga pitaj ko još sa supru-
gama?!

Dok stružemo oko prozora jedući tvrdi hleb svog
farbarskog zanata on jedno jutro razgovara telefonom
sa predsednikom Sjedinjenih Američkih Država. Mi,
kao da prisustvujemo ukazanju, deo smo razgovora,
pretvorili smo se u uši i oči, zastali smo gledajući u
našeg domaćina koji je ustao iza radnog stola, drži
telefonsku slišalicu čvrsto, govori jasno i glasno... (Ali
zašto taj milijarder ima potrebu da u slobodnom vre-
menu kod kuće nosi staru kariranu košulju koja je is-
pod pazuha poderana i koja kvari ceo ovaj prizor?)

RATNICI

Nesreća, slučajnost i nužda sastavili su ga neko-
liko dana u jednoj prizemnici u selu Krepšić u blizini
Brčkog na takozvanom koridoru zbrda-zdola formi-
ranu jedinicu koja je davala stražu i čuvala neku vrstu
etničke granice. S njim u sobi bio je dojučerašnji pred-
sednik opštine koji je u nekim lokalnim čistkama sme-
njen od suprotne frakcije i poslat na ratište u rov. On,
koji nije platio tri meseca ratni porez na privatnu fir-
mu (radilo se o izdavačkoj delatnosti) te više nije mo-
gao ostati na radnoj obavezi nego je upućen da popuni
rov pod rednim brojem nula u kome je nedelju, dve
ranije zbog iznenadnih čarki sa suprotnom stranom
prekinuto dugotrajno primirje te su čak dva-tri vojnika
izgubila život – i, oni su ti koji zamenjuju te mrtve
dok se priprema odmazda i samo se čeka potpuno broj-
no stanje jedinice.

Tu s njima u toj porodičnoj kući koju su njeni
vlasnici napustili početkom rata i koja je predstavljala
neku vrstu karaule, nalazio se još jedan iznenada mo-
bilisani vojni obveznik. Samo je bivši predsednik op-
štine imao na sebi uniformu. Druga dvojica u toj kući
u koju će malo kasnije doći još nekoliko vojnika s od-
mora koji su tu već godinu, dve dana, bili su u civilu.

71

Ličili su na one koje su dovodili da kopaju rovove na novozaposednutim mestima: na kažnjenike, taoce i zarobljenike.

U susednoj kući u kojoj je takođe boravila njihova klasa, skupilo se isto tako šaroliko društvo sastavljeno od penzionera, hroničnih bolesnika čije otpusne liste niko nije hteo da čita, ljudi koji su sa raznih radnih obaveza u gradu, prekonoć dovedeni na ratište. Takvi borci zbog svojih godina i boje kose dobiće u vojnom žargonu interesantno i dvosmisleno ime: Beli orlovi. Kuće u kojima su boravili i koje su izgledale kao da su ih domaćice napustile još u prošlom stoleću, imale su takođe svoja imena. Njihova se zvala Albanija, zašto, to samo bog zna, ako tom imenu nije bio kum neki vojnik iz jednog sela u Potkozarju čiji jedan zaselak se tako zvao.

Elem, taj, civil kao i on, o njemu je reč, bio je prethodno u susednoj kući, među Belim orlovima s kojima je i došao ovamo. Bili su primetili prve večeri kod njega neku falinku od koje su se svi uplašili a proneo se bio i glas da je dotični stigao iz istražnog zatvora, da konzumira drogu i rastura je. Proteran je dakle iz tog društva nakon što su neki išli u četnu komandu i nisu dobili nikakav odgovor na svoje pritužbe jer svi su za njih bili teret, staro gvožđe i opterećenje; još jedna od nezgoda koja ih je zadesila od regrutnih vlasti matičnog grada s kojim ne žive u najboljim odnosima tokom rata. E, i taj se obreo u njihovoj vili Albanija jer je on hteo da ga zaštiti jer mu se nije činio ništa luđi od ostalih. Naprotiv, delovao je pitomo, nežno i nekako bio čak prefinjen. Jednostavno je odudarao od okoline kao da je mobilisan dok je gudio po nekom violončelu i gledao u note! Njih trojica sačinjavali su nekoliko dana jedinu posadu karaule Albanija.

On je kraj ležaja koji je ustvari bio samo madrac položen u ugao sobe pored prozora, našao Andrićevu knjigu *Na Drini ćuprija* koju je očigledno čitao onaj koji je bio na odsustvu ili je pak poginuo u nedavnim čarkama, to im niko nije saopštavao. Smestio se na prilično uredan ležaj i latio se knjige da je po ko zna koji put pročita. To je jedina knjiga koju je ne razmišljajući mnogo, strpao u svoj prtljag zajedno sa nekim udžbenicima i rečnicima engleskog jezika kada je krenuo u Ameriku u Konektikat u grad Stamford na obali okeana nedaleko od Njujorka. I tad je imao krevet koji je činio samo uložak, odnosno madrac, i nalazio se u uglu sobe.

Bivši predsednik opštine, njegov prvi saborac, smestio se na železni krevet u istoj sobi i brzo otkrio još jedan uzrok svojih noćnih mora. Njegov prethodnik bio je povratio pod jastuk i to je predstavljalo još jedan izvor predsednikove nesanice. Spavao je, uzgred budi rečeno, potpuno obučen ne skinuvši čak ni kožne uprtače, ni opasač na kome se nalazila futrola i u njoj pištolj kolutaš.

On je bio u trenerci i u svojoj vreći za spavanje bez koje više nikud ne putuje na konak.

Njihov treći čovek, mladić visokog stasa, kratko ošišan kao košarkaš, ženske lepote i pokreta, odmah je preuzeo brigu o njima; kafa i čaj stizali su im u krevet, uređenje kuće i okoliša bilo je na delu ali dugotrajna zapuštenost tog mesta nije se dala ničim promeniti a kamoli starom pokidanom metlom i komadom mokre prljave krpe. Uslužnost, učtivost i obzir koje je imao došljak bili su u potpunoj suprotnosti s onim glasom koji se o njemu odmah proneo i slici koja je stvorena gotovo istovremeno kada je ova desetina mobilisanih metuzalema i njih nekolicine slučajnih i pod raznim okolnostima dovedenih u jedinicu, zaposela svoja nova boravišta. Mladić je ulazio u njegovu sobu dok je on čitao i izvinjavao se što ga prekida raznim upadicama i primedbama. Kada je odlagao knjigu u stranu, ostajao je duže u sobi započinjući s njim neki konvencionalni razgovor, a kada je on opet hvatao knjigu za korice ili skretao pogled u stranu prestavši da ga gleda u oči, mladić se odmah snishodljivo povlačio iz sobe i ostavljao ga na miru izvinjavajući se po nekoliko puta zaredom.

Znao je ili je pretpostavljao da zna šta sve nije u redu s njim i pokojim pojedincem koga je poznavao. Bio mu je čas čudan, čas moguć i zloslutan zaključak bivšeg predsednika opštine koji mu je saopštio u poverenju svoju sumnju da su ovde obojica poslati da poginu?! Njegovu napetost odmah je uočio njihov novi stanar, optuženi i prokazani mladić čije usluge je bivši predsednik odbijao od početka i izbegavao bilo kakvu prisniju vezu s njim. Kao da su ih morili isti problemi i bili toga svesni jedan i drugi; i svrgnuti lider i prokazani mladić. Brzo su naučili da se zaobilaze, da se ne primećuju i ne prelaze jedan drugom preko puta, kao crne mačke. Mladić mu je to svoje zapažanje o bivšem predsedniku opštine saopštio na način na koji se ljudi teše kada hoće da kažu da su upravo bili svedoci i nečega goreg nego što je zadesilo njih.

Nije mu još bilo jasno šta je to što je tako žigosalo ovog mladića od gotovo svih u ovoj novoj sredini, pod ovim novim i neprijatnim uslovima punim opasnosti i nepoznanica. Zašto je samo taj mladić postao jasan svima u ovom nejasnom i zloslutnom kolopletu za koji niko nije znao dokle će trajati i kako će se završiti. I bivši predsednik je valjda bio uočio to *nešto* zbog čega se trebalo kloniti tog mladića, samo on nije video ništa drugo što već nije ovde o njemu rečeno.

Jedne večeri, kada mu se motao oko nogu kao domaća mačka i kada su se već sprijateljili, podsetio ga je na jednog adventističkog popa s kojim je bio u jedinici na karauli u Horgošu petnaestak godina ranije gde je služio vojsku i zbog iznenadnih okolnosti koje su zadesile njihovog vodnika prve klase, postao kao desetar, komandir te karaule sve do odsluženja vojnog roka. Mladić je kao i taj subotarski pop odbijao i samu pomisao da uzme u ruku pušku a kamoli da puca i ubija! Imali su nešto slično i u izgledu i u kretnjama, u to je bio siguran, a istina je da su se obojica nalazili u okruženju grubih i neuviđavnih soldata koji su voleli oružje i gledali na ovakve kao na niža bića, žene i poremećene umom.

Taj pop vazda mu se vrzmao oko nogu kao mačka jer ga je krio od komande i dopustio mu da bude neka vrsta njegovog ličnog ađutanta, samo da ne bi išao na graničnu liniju i ne bi nosio oružje. I on je, prisetio se sad još jedne sličnosti između ove dvojice ljudi, bio već odležao nekoliko zatvorskih kazni zbog svog pacifizma i tad je bio na putu da uz pomoć popustljivog komandira karaule pomiri te dve suprotnosti; da više ne ide u zatvor i odsluži vojsku ali da se ne dotiče oružja i sačuva svoju savest za pastoralni život u svojoj verskoj zajednici. (Pastoru Džo Vizu nesumnjivo bi se to svidelo a i đakon i njegov zamenik Dejvid Hovlet imali bi razumevanja za ovakav rasplet situacije.)

Poveli su ponovo razgovor tu na pragu njihove vile Albanija dok ih je obasijavala mesečina kao dve bronzane figure, dva olovna vojnika koja su se napola rastopila pa više liče na dronjave civile. Jedan ćutolog i jedna pričalica, on i njegov ovovremeni pop i pacifista, reč je bila o nekoj knjizi koju su obojica čitali očigledno pomno. On je o toj knjizi, o tom piscu zaista znao mnogo, gotovo sve što je objavio bio je pročitao, ali ono što je čuo od svog sagovornika, frapiralo ga je! Počeo je da iznosi ukupan broj reči koje je pisac upotrebio napisavši tu knjigu o kojoj su razgovarali. To se valjda može saznati sad za tili čas na računaru. Znao je odnekud da je Šekspir upotrebio dvadeset i jednu hiljadu engleskih reči prilikom pisanja Hamleta. Ali kad je njegov sagovornik počeo da kombinuje i da od imena likova i naslova poglavlja pravi rečenice i otkriva skrivene poruke koje mu pisac lično tako šalje, zamislio se nad svojim znanjem književnosti i poznavanjem ljudskih duša.

Imao je gazdaricu dok je boravio na studijima u Beogradu koja mu je za kafom jednom saopštila da joj kućepazitelj s prvog sprata u jednoj stalnoj emisiji na radiju koju ona voli da sluša, saopštava grozne stvari koje uspeva da ubaci u etar preko svojih veza i vezica na državnom radiju. Inače, ova žena je u svemu ostalom bila OK, kao svojta prema njima podstanarima. Kao rođena baba. Kasnije umalo ga nije ubila klanfom za grede koju je držala iza vrata kad mu je jedne večeri otvorila stan i prekorno s praga saopštila da više nema da traži tu kod nje jer upravo dolazi iz društva tog njenog dušmanina, kućepazitelja koji ju je proganjao čak i preko radio aparata. Izdao ju je na kraju a da nikada nije upoznao tog gospodina zbog koga umalo nije dobio po glavi, ali tad se uverio na vlastitoj koži kako opsednuti ljudi koje niko ne proganja sem utvara stvorenih u njihovom vlastitom umu, posuđuju tim sablastima vanjštinu ljudi s kojima se svakodnevno susreću. Te večeri na gazdaričinim vratima sablast je bio on, bio je, ne znajući, svoju vanjštinu, svoje pojavno biće, posudio još jednom vampiru koji je zakucao na vrata sirote starice.

Sad je video svoju siluetu u levom mladićevom oku kao neku ključaonicu iz koje je izvađen ključ. Pomerio se ali crna rupa na mladićevoj zenici ostala je nepomična. U položaju u kome su sedeli i bili okrenuti poluprofilima jedan spram drugog, nije mogao videti drugo mladićevo oko. Osetio je samo da ono postoji i da ga posmatra na neki neobjašnjiv način.

BIKOVI

Čuli ste, veli mladić, da je vođa našeg ustanka i borbe za slobodu koja podrazumeva i stvaranje kompaktne teritorije po onoj narodnoj: za mog Milutina jedna polutina, zatražio savet jedne vidovnjakinje koja mu je navodno rekla gde će i koliko drvenih krstova pobosti da mu država ne bi propala pre nego što je pošteno i zaživela. Ja o tome imam svoju priču ali njen kraj još nisam spreman da iznesem na videlo dana nijednim očima i nijednim ušima na svetu. Uostalom, niko me ne bi ni razumeo niti ozbiljno shvatio. Postupili bi sa mnom kao ovi idioti u susednoj kući s kojima sam prespavao samo jednu noć i koji me umalo nisu ubili. I to mi je neka vojska, i to su mi neki ljudi, junaci. Prenemažu se kao babe, drhte od straha kao deca ali su zato bili spremni da me nateraju da prepešačim minsko polje ili da me jednostvno prislone uz zid i ubiju kao psa. Vi ste me spasli, za sada, i ne znam kako da vam se odužim.

Potom je zavladao tajac, a onda je mladić okrenuo glavu i sa oba oka pogledao svog slušaoca, započevši priču koja nije imala početka ni kraja.

˙ Onda, kaže on, Red Bul, Crveni bik, minobacač u partizanskom naoružanju, sada, Crvena zastava, zasipa jednu i drugu i treću zaraćenu stranu. Red Bul je zapravo jedno bezalkoholno piće koje reklamiraju kao super napitak i eliksir a prodaje ga jedan bivši sportista i njegova lepa žena pevačica narodnih pesama. Onaj minobacač u stvari su prekrstili partizani a on se kao originalni proizvod jedne engleske fabrike zapravo zvao po njegovom konstruktoru Džoniju, dakle, bio je to Džon Bul, zar ne? Ali svejedno, niti se takvi proizvode i upotrebljavaju, niti su više živi oni koji su ga upotrebljavali u Drugom svetskom ratu; ili su izlapeli pa se više ničega ne sećaju a kamoli tog imena koje nije slučajno i ime znaka Zodijaka pod čijim okriljem se stvara ova država u državi. Ali o tome docnije. Pevali su tom svom biku gledajući ga maskiranog odlomljenim brezovim granama ovako:

Moj Šarane i na tebi grane
na kome ćeš ostaviti rane.

Pričao sam ovu priču ovim idiotima u susednoj kući misleći da će ih kao minobacačlije zanimati ova mala istorija njihovog oružja ali samo su me gledali kao mrtvo prase. Kada sam izrecitovao ovu pesmicu, jedan je skočio i dograbio me za gušu. Umalo me nije tada udavio.

Mesečina je u međuvremenu nekud nestala s neba i samo su zvezde još uvek bile tamo na svome mestu. Letimičan pogled na nebesa, otkrivao je odmah njihov neuobičajeni raspored. Ona najsjajnija zvezda stajala je sad nisko i na sasvim drugom kraju neba; kao da se zemlja pogrešno zavrtela. Bilo je to nečije tuđe nebo iznad njih dvojice koji su sedeli na stepeništu te prizemnice nedaleko od rovova u kojima su čučali preplašeni stražari, graničari i jedva čekali čas kada će začuti korake s patrolne staze iza sebe i smenu straže koja će se obaviti u tišini kao neko neprestano danonoćno bdenje nad mrtvacem koga nikako da sahrane.

Znam pouzdano, nastavlja mladić i ko je prvi ispevao te stihove zbog kojih umalo nisam dobio batine i iz čijih usta se prvi put čula ta pesma. Pokušao sam to da objasnim onim maloumnicama ali ne verujem da su me čuli. U zborniku Jedanaeste krajiške brigade iz Drugog svetskog rata, jedan borac po imenu Jovica Škrbić zapisuje da je to bio Pero Madarević iz Orlovca, čuveni lepotan i minobacačlija. Lepo ga je, kaže Škrbić bilo čuti kad zapeva: *Moj Šarane*. Ali nije slučajno što se i ova jedinica u kojoj se sada mi nalazimo zove istim imenom, zapravo nosi taj isti broj sastavljen od dva početna arapska broja. Nisam uspeo da objasnim to onim primitivcima koji su me najurili one večeri. Ali na to ćemo doći kasnije. Božiji rukopis je ravan a mi ljudi ispisujemo svoju sudbinu krivudajući kao gliste u praznoj staklenoj tegli. Eto zato se i u ovom poslednjem ratu dešava to što se dešava. O tome jasno svedoče i sasvim drugi stihovi koji se čuju od ovovremenih boraca. Ne peva se više svetlom oružju. Poslušaj malo šta pevaju one pijane herojčine koje su se iživljavale na meni nazivajući me ludakom, narkomanom, pederom, kukavicom. Iz susedstva se zaista začula pesma:

> Braćo moja ništa se ne bojte
> Samo mene rakijom napojte.

Onda je utihla pesma i začulo se hrkanje pijanih spavača. Činilo se da sad istog trena može da zavlada mir ukoliko i s druge strane granice ima još budnih i razložnih ljudi kao što su ovaj mladić i njegov ćutljivi sagovornik. Ali na žalost, to ni izdaleka nije dovoljno da se prekine rat; stotine drugih stvari treba da dođe na svoje mesto pa da opet zavlada vreme mira. No, ta ura još nije bila izbila bez obzira na mnoge iskrene želje.

Čekaj kaže mladić, jedan me je u onoj razbojničkoj jazbini ipak želeo da čuje kada sam spomenuo onoga drugoga Bula, jednog drugog bika, Siting Bula, Bika Koji Sedi, poglavicu indijanskog plemena Sijuksi, ljutitog neprijatelja belih pohlepnih ljudi, hrabrog ratnika, pesnika i proroka, talentovanog diplomate koji je kako--tako spasio svoj narod od potpunog istrebljenja sklopivši mir sa velikim belim bratom i prihvativši život u rezervatu. Taj koji me je jedini slušao, voleo je kaubojske filmove i pogodio sam mu žicu. Na čas sam bio bezbedan ali sam morao da nastavim priču: Kad su Ameri sklopili primirje s Bikom Koji Sedi, pozvali su ga u goste kao u onoj basni o lisici i rodi. Vodili su ga kao turistu i pokazivali mu čudesa svoje civilizacije, proširivali mu na brzinu vidike i menjali pogled na svet i njegove ustaljene navike. Probudili su u njemu jagnje, dete i sve pitome životinje koje su do tad prišle čoveku. Vodili su ga u zoološki vrt i pokazivali mu majmune. Kasnije su morali pokloniti jedno mladunče šimpanze koje je otputovalo s njim u rezervat. Uzgred, pokazivali su mu i svoja smrtonosna oružija kao i plodove svoje iskrene odanosti prema ljudima i stvarima: ogromne mostove, parne lokomotive, visoke građevine od čega mu je zastajao dah. Ali na kraju, Bik Koji Sedi postao je neka vrsta vašarske atrakcije. Slikao se sa svakim ko bi fotografu, koji ga je vodao po panađurima kao mečku, platio pedeset dolara. A kada bi slika bila gotova, Bik Koji Sedi lično bi je na poleđini potpisao jer te dve reči engleskog jezika jedine je znao da napiše mada je mogao da vodi sasvim pristojnu konverzaciju na jeziku svojih porobljivača. I još nešto, pored svoje neosporne vidovitosti – predskazao je jednu od najvećih pobeda Indijanaca koji su za samo dvadeset minuta izbacili iz sedla jednu konjičku američku diviziju, mada je tad njegove sunarodnike u pobedu vodio mladi poglavica Ludi Konj. Bik Koji Sedi predvideo je i svoju smrt koja se desila upravo kako je bilo u njegovom proročanstvu: ubio ga je Indijanac iz njegovog plemena, Sijuks koji je postao policajac u jedinicama belog čoveka.

Izdajnik, izdajnik povikali su tad svi prisutni u toj lopovskoj jazbini i nasrnuli na mene i mog branioca. Zamolio sam ih da mi dopuste još nekoliko trenutaka kako bih završio priču koju je želeo da čuje ljubitelj vesterna ali nisam uspeo. Jednostavno zatvorili su mi usta i izbacili me na dvorište i onda si naišao ti i pokupio me s tog stratišta na kome sam mogao skončati ni kriv ni dužan. Tebi ću ispričati kraj, rekao je mladić i zagledao se u svog nepomičnog sagovornika.

Na kraju, Rezervat Bika Koji Sedi smanjio se a zatim nestao, ne budi uroka, na sledeći način: plodne ravnice uzurpirali su malo-pomalo kauboji i lovci na bizone a gde nema bizona nema ni Indijanaca. (Za ovu tvrdnju sto posto bi dobio udarac od onih nikogovića jer podsetio bih ih na jednu domaću izreku u kojoj se umesto bizona pominju svinje ili krmci a umesto Sijuksa, Vlasi ili pravoslavci.) Pa zatim kada su Sijuksi i Bik Koji Sedi morali da se zadovolje životom u jedinom planinskom vencu u Rezervatu, naišlo je novo zlo! Ispalo je da Indijanci leže na parama i da su planine u koje su se silom povukli pune zlata i zlatne rudače. Sijuksi su to oduvek znali ali ravnodušni su bili prema tom žutom metalu. I onda, najezda kopača, rudara, bankara, lopova, varalica, policije, kurvi, lekara, vidara, lihvara, koljača, novinara, plaćenih ubica i lovaca na ljudske glave. Tako je Zlatno Tele pojelo rezervat Bika Koji Sedi. Uništila ga je zlatna groznica koja je tresla jedne a ubijala sasvim druge, koji su u stvarnosti i zaista, bili imuni na tu pošast i nisu joj pridavali veći značaj od gomile kamenja. Oni su stvarne žrtve zlatne groznice a ne oni koji su ginuli u odronima u na brzinu iskopanim oknima, u međusobnim svađama i dvobojima zbog tapija i prava na tek otkrivena nalazišta.

Pokrenuo se u mraku još uvek sedeći i zanjihao ramenima kao da je bio vezan konopcem oko ruku i trupa čiji se čvor nalazio negde na njegovim leđima, stegnut i nedostupan. Nije više slušao mladića koji je i dalje govorio bez pauze kao da čita neku napamet naučenu knjigu i strahuje da ga neko ne prekine i ne uzme mu reč. Pokušao je da prekine neumornog sagovornika. Sve do tad priča mu se činila kao i svaka druga priča slatkorečivog i načitanog čoveka ali naišao je onaj njen neverovatni, sumanuti deo sastavljen od brojeva, slova i nečujnih glasova, nepostojećih poruka, suludih tumačenja od kojih čoveka hvata jeza; onog pritajenog glasa iz radio aparata koji je u ovom slučaju dolazio iz susedne kuće-karaule u kojoj su tvrdo spavali mladićevi progonitelji. Da, da rekao je ponovo, sada već odlučan da prekine sumanuto pričanje u koje se strmoglavila ova mladićeva pripovest kao vremeplov koji je protutnjao za čas kroz prostor i vreme od dve hiljade godina unazad.

Upitao je mladića pogledavši ga ravno u oči kao da uvlači konac u iglu, u onom trenutku kada je ovaj načas uzdahnuo kao da će iznenada presvisnuti: Ko je zapravo on, mladić koga proganjaju i koga su na silu doveli na ratište?

– Ja sam Isus Hrist, reče, a ti si Petar Kravić, jedan od farbara Dejvida Hovleta i na tebi ću, kako znaš, sagraditi crkvu mada ćeš me se tri puta odreći i tvrditi da me nisi poznavao i da ova noć nije bila stvarna.

DVOJNIK

Jedared, jednog običnog dana kada smo dolazili na gradilište Sveđankine kuće u našim belim majicama, rano, kada je bilo sve svežije i svežije i miris borovine bio oštriji; kao onaj veštački vonj hemijskog WC-a, tamnoplavog plastičnog kioska koji je bio postavljen u dvorištu i služio isključivo radnicima za njihove potrebe; kada smo započinjali svoj svakodnevni posao s onom malom tremom i nalazili se pred još jednim beskrajnim danom, ugledao sam, zamislite, tu na gradilištu u ekipi stolara negde oko podneva u uglu jednog stepeništa, nekog svog rođenog! Šokirao sam se na tren i u momentu opet povratio, ali tog dana više ništa nije bilo isto, niti je posle tog događaja bilo sve kao pre. Još više sam nekako zavoleo tu tuđu kuću koja će za kratko vreme primiti sve svoje ukućane koji će onda opreznim, radoznalim koracima krenuti u obilazak njenih lavirinata i početi da se dive svemu okolo; prostirki, nameštaju, sjajnim žutim bravama nabavljenim iz Evrope i ugrađenim na svim vratima jer ovde su uobičajene one kruške kao rukohvati koje na vratima služe kao kvake.

Činilo mu se da se vezao previše za objekat, za predmet svoga rada, za svog pacijenta ali kako i ne bi; na toj kući je prolivao znoj ali i dobro zarađivao. Gotovo i samo isključivo živeo je od svojih deset prsta, jeo hleb u znoju lica svog. Prvi put u životu bio pravi šljaker često na teškom i tvrdom poslu uz sve to pomalo i opasnom jer pentrao se po merdevinama visoko, hodao po krovovima, sedeo leđima oslonjen na dimnjak. Za nekog bilo bi to možda mučenje; živeti tako čitav život možda bi zaista bilo neizdrživo, zalivala bi se non-stop ta egzistencija alkoholom. Čuo je o tom alkoholizmu farbara. Video ga je katkad sopstvenim očima i osetio ponekad i na svojoj koži. Ali da ne ispadne važan i da piše ode radu, da folira kao oni neradnici koji su pokušavali literaturom da mobilišu one milione koji su krampali, da prave drame od radničkih tema ne dižući nikad ništa teže od kašike, da veličaju tuđe radne podvige i pričaju kako se kalio čelik, prekinuće dalje takvo pripovedanje.

Ne, stvarno, tu sam našao neku meru življenja, neki ispravan prilaz svim stvarima koji mi do tad ne beše dostupan. Hvatao sam ponekad sebe da prosto uživam u radu. Samoupravljam celi dan. Nema nadzornika nad glavom i one svireposti u poslu, tu se može zviždukati neki song dok nanosiš boju na neku plohu ili je glačaš i glačaš šmirglom. Može se živeti i tih osam radnih sati koje mrzi većina sveta, a kada ostane bez njih, diže pobunu, ne zna šta da radi od sebe. Mogu, tu u tim tuđim kućama da ti se dese svakojaka čuda kao meni toga dana u Grinvič Vilidžu u skoro gotovoj hacijendi one vitke Šveđanke koja je prkosila godinama.

Radio sam opet na nekom hodniku na jednom podestu na kome će jednom stajati neka velika udobna fotelja s koje se pruža prekrasan pogled na razbacane travnate i šumske plohe koje smenjuju jedna drugu kao šahovska polja. Sa mnom jer radio moj ortak, moj mlađi drugar Nol Vizo. Od tog momka mnogo sam naučio, prosto sam mu pokrao sve finte zanata. Često je pio neke tablete protiv prehlade, vozio je neki crni japanski dvosed sa običnim menjačem. Momak mi je prosto čitao misli kao bukvar, skidao mi je sa usana onaj moj engleski, lako. Vibracije su nam se podudarale, mora da su proizvodile neku melodiju koju su samo mačije uši mogle da čuju ali mi smo znali da ta naša zajednički napisana partitura postoji. Ne daj nam bože, ni jedan ni drugi nismo bili gej, bili smo sa ženama naprotiv sasvim OK. Oni lenji mužjaci kojima ženka mora da sleti na granu, da ih kljunom isprovocira na akciju, na skok, na ispaljenje metka. I to sve, to prijateljstvo skovano na zajedničkom poslu i ograničeno samo na vreme rada bilo je moguće dakako i bez obzira na godine, i da ne spominjem sve drugo. Ja u četrdesetoj, on u dvadesetoj! Ali nikada nisam imao taj očinski osećaj prema mladeži, pa ni prema njemu, držao sam se grčevito svoje sopstvene mladosti kao Šveđanka.

Vidim, tako u dnu jednog stepeništa, krupnu priliku zauzetu nečim oko neofarbane drvene ograde. Nikada pre nisam sreo tog radnika na gradilištu. Stolar je. Možda je barokna ograda stepeništa koju ugrađuje njegovih ruku delo. Čovek je mator što je prava retkost ovde, takve možeš svećom tražiti po gradilištima ali ih nigde nećeš naći i videti kako crnče, i ono što je bilo šokantno: ta leđa, dok je čučao, pljosnata i široka, ona krupna seda glava skoro podšišana koja je izrastala na širokim ramenima s potiljkom uz koji su priljubljene velike pravilne, mesnate uši; čovek je bio pljunuti moj otac. Visina, širina, ono nonšalantno manevrisanje koje sam istina retko viđao kod starog i to samo u trenucima kada bi zavrtao rukave jednom godišnje i spremao se da poslaže u bure glavice kupusa dok mu se sve moralo prinositi. Sedeo je pored kace, dubio korenje iz zelenih glavica i polagao ih jednu na drugu. To je voleo da radi. Ili kada je zimi ponekad, polovio neoguljen krompir, solio ga i gurao u rernu da se ispeče kao pod nekim ognjištem na livadi, i to je voleo da radi. To je jedino oko čega se angažovao povremeno, kada je nešto obdelavao i bio zauzet nečim jer moj otac nije se hvatao ni za šta drugo sem za novine. Bio je tad već penzioner, zalečeni tuberan, prvoborac Drugog svetskog rata, partizanska legenda za onaj preživeli narod oko njega. Klatio se u hodu, levo-desno i ko bi rekao da je nekad dizao na jednom prstu i svoj i tuđi puškomitraljez, za opkladu!

Ja sam ga cenio oduvek na onaj način na koji se ceni stranac. Rampa među nama bila je ona njegova tuberkuloza, onaj TBC, u znaku kojeg je živela cela kuća. Zbog te bolesti često je odsustvovao i boravio mesecima u nekom sanatorijumu u Sloveniji ili negde drugde, slikao se tamo u šetnji borovim šumama, stajao mirno nekom na komemoraciji pored sanduka, nekom prijatelju koji je negde u nekoj od tih bolnica umro. Njegovi tanjiri i escajg, stajali su posebno u kredencu i bili su strogo zabranjeni za upotrebu svakom živom a naročito njegovom sinu jedincu. Njegovo povremeno krvoliptanje koje bi nastupilo s vremena na vreme dok se nalazio u krevetu u svojoj spavaćoj sobi, kada je povraćao pun lavor krvi, njegov mir i prisebnost s kojom je umirao polako i miris smrti na koji je zaudarao svom sinu od prvog njihovog svesnog susreta, miris koji je katkad nakratko udahnuo iz odšrafljenih malih staklenki punih tableta koje je otac pio a na kojima je pisalo kao na nekoj iskopini koju je nekad davno predao nekom muzeju a sad nastoji da se priseti tih reči i naziva naštampanih na etiketama:

EVTIZON
PAAS

to je valjda pisalo. Nikada više te lekove s tim imenom nije video u životu niti je gde čuo njihova imena koja su bila prirasla za ime njegovog oca kao njegovi nadimci ili neka nova tajna imena koja će nositi kada se potpuno reši boljke koja ga je mučila. Čuo je kasnije nazive mnogih lekova u svojoj kući ali samo su ova dva leka stajala između njega i oca i branila im uzajamni srdačni susret, grljenje, poljubac i uvek se između njih isprečila neka iznenadna hladnoća kada su dolazili u dodir koji je lako i svakog trena mogao prerasti u fizički kontakt. Mati se borila da održi stalno tu granicu zatvorenom, iz straha od prelaska bolesti, od zaraze. Ona je bila nemilosrdni carinik koji je oduzimao sve moguće lične predmete i jednom i drugom putniku i onom koji je odnekud dolazio iz šetnje ili iz kafane i onom koji je stajao u hodniku čekajući da se otvore ulazna vrata i da na njima ugleda oca. Ona je brinula da se to odvija na pristojnoj udaljenosti, odvojenoj bodljikavom žicom i da taj susret ne traje nikada predugo jer škodi zdravlju i jednog i drugog došljaka koji su se našli oči u oči.

Stari je imao onu krupnu figuru prvih potomaka palih anđela, bio je iz tog plemena snažnih i lepih ljudi koje pominje Biblija. Takvi momci nekad su služili kraljevima u njihovoj ličnoj gardi i jahali na belim konjima. Nosili su one plave mundire optočene zlatnim koncem, duboke jahaće čizme, imali su epolete na ramenima s resama kao nekim četkama za glancanje obuće. Na glavi su nosili neku vrstu šubare od čoje s crnim dlakavim vrhom, nekom vrstom ukrasne lepeze načinjene od struna konjskog repa, nabijene do polovine čela iznad širokog lica pravilnih oštrih crta koja presecaju tanka duga usta savijena malo prema dole ka razvijenim čeljustima malo širim od vrata, i bistrih crnih strelovitih očiju koje dominiraju na tom licu. Tako je baš izgledao stari na fotografiji koju je njegova sestra Zorka sačuvala u nedrima za sve vreme rata tamo na prisilnom radu u Trećem Rajhu i koju mu je posle rata dala. Ta slika je ličila na neku porodičnu ikonu, na nekog sveca koga smo malo zaturili negde u kutak kuće jer vremena su bila daleko od svetaca i ikona, daleko od crkvi i zvonika koji su pominjani samo kao stratišta, koja niti kako zaboraviti niti ne zaboraviti.

Otac je posle rata, posle demobilizacije, tako se nazivao prelaz iz uniforme u civilno odelo, radio kratko kao komandir milicije po tek osnovanim opštinama ali je očigledno silazio s konja na magarca pa onda na svoje noge. Završio je dorađujući kakvu-takvu penziju, onako načetog zdravlja, kao kondukter, na papučici onih vojnih kamiona koji su tad služili kao autobusi. (Pio je usput rum, svoje omiljeno piće u to vreme.) Moja mati mu je bila druga žena i imao je tu negde u blizini prvu ženu i kćerku. Sve to je do danas ostalo daleko od mene kao da sam se rodio ovde u Americi u Konektikatu i evo tu živim i radim i uz to imam još uvek živog i zdravog oca koji je u snazi i takođe još radi svoj posao kao onaj Josip iz Nazareta, stolar, drvodelja, karpenter i koji se evo slučajno susreo na istom gradilištu sa svojim sinom.

Ali ne, stari je nekad učio obućarski zanat, čuo sam tu nikad isticanu činjenicu, ali batalio je to i kupio fijaker i dva zekana pa dao to prevozno sredstvo od kojeg je trebalo da živi, u najam nekom Boćanu, komšiji, da prevozi putnike od grada do željezničke stanice i natrag. Taj njegov komšija, kum i pajtaš pomogao mu je da skupa propadnu u tom poslu prevoznika, kočijaša. Popili su zajedno to njegovo nasledstvo koje je prevremeno iskamčio od svoga dede. Spiskali su to do poslednje paoke na točku. Moj stari je bio sirotan, bez oca, dakle mog dede koji pogibe rat pre toga a mati mu se bila preudala i ostavila ga očevoj familiji, njegovom dedi. Otišao je zatim, posle tog poslovnog fijaska, u kraljevu gardu bez prebijene pare. Prošao je vojni dril koji mu je verovatno spasao glavu jer kad se vratio iz vojske, kao naručen, izbio je Drugi svetski rat. Rat su preživela dva, tri njegova dalja rođaka i rođena sestra; đavo je bio odneo sve koji su ga proklinjali što je kupio konje i fijaker i na kraju sve to potrošio lumpujući sa Ciganima. Ali otac se nije ovajdio naročito od toga, čak je u ratu već bio zaradio onu gadnu boleštinu na plućima koja ga je na kraju sjebala jer domaća medicina još nije bila dorasla toj boljci a u inostranstvo su odlazili živičari, muvatori, oni koji su maznuli vlast ispred nosa onakvim borčinama kakav je bio moj stari. Ali njih vlast nikad nije ni zanimala. Njegov život posle rata, o kome su se najviše drugi brinuli, bio je život priznatog ratnika; bio je zbog toga cenjen i ugledan. Narod ga je voleo i pričao anegdote o njemu. Ispredao je bajke o njegovoj hrabrosti. Bio je anđeo čuvar mnogih sela u okolini svog rodnog mesta. Bio je na pravoj strani. To je bila njegova sudbina i ništa više od toga.

Ostavio je iza sebe jedan kožni kofer, od arsenala čuvenog mitraljesca ostaje samo jedan mali damski pištolj češke marke Zbrojevka kalibra 6,35. Nikada nije kročio nogom u banku ni po kakvom poslu. Mater je jednom naterao da vrati kredit koji se delio kao Alajbegova slama dok nas je još uvek poplava gnjavila svake druge, treće godine; Je li nam ulazila voda u stan. Nije. Jesi li digla kredit za poplavu? Svi su. Sutra porani pa vrati pare odakle si ih uzela i kvit! Eto takav je bio moj stari, da ne kažem goru reč. Pripadao je onoj izumrloj vrsti, već sam rekao, koja je nastala u grehu između anđela i lepih zemaljskih devica.

I još nešto, zaslužio je da kažem o njemu, ludovao je nekad za fudbalskim utakmicama, putovao daleko da vidi svoj tim, redovno je plaćao članarinu vernog navijača i po tome smo se razlikovali. Ja sam stremio onom sloju ljudi za koju ovakvi kao moj stari mnogo ne mare. Ne sede za istim stolom sa njima. Dosadne su im njihove priče i nastrana zanimanja. Ali ja sam večito gurao protiv njega, to je valjda neki pritajeni prkos. To je ono kada sam ga odalamio mašicama dok je dremao sa novinama na licu kada sam imao možda četiri, pet godina. To znaju stručnjaci šta je, koji nam prodaju maglu. Počeo sam rano pokazivati prezir prema tekovinama njegove borbe. Ali i on ga je izgleda imao zatomljenog negde duboko u sebi. Ono kajanje koje snalazi demijurge kada vide da im se stvari otimaju iz ruke, da ne ispada onako kao što bi trebalo, ono pesnikovo: Da li će sloboda umeti da peva, kao što su sužnji pevali o njoj? Bogo dragi, da me još čuo da recitujem odrekao bi me se načisto. Kako bulaznim veličajući njegove dojučerašnje ratne neprijatelje; ja sam maltene bolje znao ko je ko bio u tom njegovom ratu nego on koji je učestvovao u njemu od prvog dana i borio se puškom sve vreme njegovog trajanja. Ja sam uočavao njihove greške, njihova leva skretanja, propuštene istorijske prilike i razotkrivao njihove zadnje namere. Srao sam iz sve snage! Nema šta! On je samo ćutao i nikad se nije suprotstavljao mojim brbljanjima, prvim pisanijama po novinama u kojima sam ganjao senzacije i pratio crnu hroniku, skandalima po kafanama u kojima sam bio kolovođa i koji su mirisali na politiku. Silan je bio moj stari, gledao me je ipak s nekom nadom da ću jednog dana možda doći sebi, postati čovek i videti u čemu je stvar.

– Nol – rekao sam valjda bled i bez kapi krvi ili pak crvenih obraza možda – Nol, onaj čovek je isti istijani moj otac.

– Tvoj otac koji živi u Jugoslaviji?

– Živeo je ali je umro pre petnaest godina.

– Žao mi je Bob tvog oca, mora da si ga puno voleo?

– Da, Nol, voleo sam mnogo svog starog.

Ameri ko Ameri, odmah stvar teraju do kraja, dok sam ja još prebirao o starom u svojoj glavi ne gledajući više onog njegovog dvojnika koji se iznenada pojavio u Šveđankinoj kući, Nol je uspostavio kontakt s

neznancem a to je tamo lako i skoro uvek ide glatko; rekao mu na koga liči i kome je ta sličnost pala u oči. Čoveku se tu iza leđa u blizini nalazio rođeni sin a on o tome nije imao pojma. Osetio je samo na potiljku da ga neke oči gledaju kao dobrog, dragog, starog oca i za čas je stao ispred svog nepoznatog sina, stranca, Evropljanina, Jugoslovena. Stao je kao vojnik ispred vojnika jer on je nekada davno učestvovao u završnim borbama protiv Hitlera tamo u Alpama gde su se borili Amerikanci. Čuo je za partizane, zna za predsednika Tita!

Živeo Tito, reče salutirajući taj Amer tako što je stisnuo pesnicu desne šake i čvrsto je držao pored slepoočnice. Sad je video da ta faca kao sadržaj, ne kao forma nema veze s njegovim ocem, nije mu to čak mogao biti ni rođak. Te crte su nepoznate na onim tamo licima, one nastaju negde drugde, na nekim drugim geografskim širinama, negde gde su stvari već dobrano poodmakle. Svejedno, bio je to srdačan susret, pravi rođački, kao neko pomirenje nakon dugogodišnjih porodičnih nesporazuma koji su najzad za svagda prevaziđeni. Palo je zatim rukovanje sa strancem i onda neki spontani zagrljaj u kome su ostali duže nego što je normalno za dva čoveka koji su se prvi put u životu videli.

IV
IŽE JESI NA NEBESIMA

Bilo mi je ipak teško da prisvojim Ameriku. Moja stara boljka od koje sam patio možda već u školi pojačavala se usled događaja do veoma oštrog stanja. Koliko znam nema je u priručnicima psihologije. Ona počiva na poremećajima u percepciji vremena. Bolesnik ima stalno pred sobom klepsidru, u nju se sipa pesak država, uređenja i civilizacija, dok ono što ga okružuje gubi svaku moć postojanja, uopšte ne traje, raspada se, što znači da je bivstvovanje nerealno, a samo je pokret realan.

Česlav Miloš

ALFA I OMEGA

U mirnom kraju Stamforda između blagih travnatih brežuljaka u naselju kao nekom zaseoku od dvadesetak kuća koje su se okupile oko praznog kružnog skvera, okružene travnjacima, drvećem i pojedinačnim ukrasnim grmovima i do kojih je vodila uska asfaltna cesta koja je imala samo jedan razlog da skrene sa šireg puta a taj je da dovede žitelje i namernike u to mini naselje; tu u tom idiličnom komadiću od kakvih je u nizu sačinjeno predgrađe tog grada, stanovao je naš gazda, farbarski preduzimač i zamenik propovednika u crkvi Kapija vere, Dejvid Hovlet, protestant, baptista, šta li je. Dovezao me je jedno popodne tu i pokazao mi u susedstvu na suprotnoj strani skvera jednospratnicu zakićenu američkom zastavom, ništa ni veću ni manju od okolnih kuća.

– Bob, onu kuću bi trebalo našminkati.
– Dobro.
– Počinješ odmah s pripremom!
– OK.

Kada sam stigao u Stamford i prve nedelje čekao da me Dejv pozove na posao ako me uopšte bude želeo angažovati, išao sam na ispomoć starom frenteru koji je stanovao s nama u onoj najvećoj sobi u ulici Stefani mom imenjaku Bobu Srbinoviću. Bio je rođeni Beograđanin, kolenović, ovo mu je bila peta ili šesta farbarska sezona u Americi, pre toga živeo je deceniju i duže u Engleskoj, igrao fudbal, pravio društvo starim damama kao i ovde u Americi. Govorio je engleski tečno i brzo kao i onaj svoj srpski, ekavski. Bio je tad bliže pedestim, vitak, gibak. Radio je sam za svoj račun. Zarađivao je više od svih nas zajedno koliko nas je boravilo u tom petosobnom stanu ali mu nikad niko nije video dolar u rukama. Služio je ostalima kao neka vrsta službenog prevodioca, javljao se na telefon, plaćao po poštama i bankama struju, plin i telefon i normalno očekivao je da ga za te usluge častimo. Nije se hvatao za novčanik nikada! Grebao se pomalo i za hranu od svakog. Čop tamo, čop ovamo! Jeo je istina malo. Znao je tačno koliko sa svakim zalogajem unosi kalorija u svoj organizam. Boravio je sferu, dve, više od ostalih, dominirao je znanjem i snalažljivošću nad svima ali pri tom je bio za naša merila izgubio obraz i obzir prema onim banalnostima do kojih drži običan svet kao što smo bili mi. Lebdeo je tako lak među nama, eskivirao nas i izmicao se kad god su među nama zapretili kakvi sudari i trenja do kojih je dolazilo s vremena na vreme među odraslim ljudima koji žive skupa i čekaju red da uđu u WC, ljute se, menjaju raspoloženja, ispoljavaju svak svoju manje ili više ćoškastu ili manje ili više tešku i nezgodnu narav. Katkad su one provincijske, brđanske gordosti dovodile do pravih svađa među nama. On se tada povlačio iza vrata svoje sobe, tih i nečujan kakav je uvek bio. Izlazio je i ulazio kroz zatvorena vrata! Nikad nikakvog zvuka, lupe, škriputanja ili čega drugog što ide na nerve, iz njegove sobe, iz njegovog brloga kao planinskog bivaka. Tako gibak, gotovo bez ikakvih drugih svojstava, što kažu ne možeš ga uhvatiti ni za glavu ni za rep, tečan, bez onih silnih principa koji gaji polusvet išao nam je svima na živce. Em, još povrh svega toga, stipsa koja kad dođe red na njega da plati turu piva, hvata se bilijarskog štapa i napušta društvo.

Bili smo mu smešni kada bi zaseli petkom u kafanu i počeli da se utrkujemo ko će kome prvi platiti turu pića, ko će koga više da počasti. Pa ono silno raspredanje o čojstvu, o životu tamo u Jugi, o planovima i zacrtanom putu u životu s koga se, nema te sile, više nikada neće skrenuti, nego pravo u privatni biznis; još koju godinu doći po lovu u Ameriku, nema više trt-mrt. Ima sve da ide kao po loju. Samo gde nam do sada beše pamet. Ovakvi, kao ovaj Kir Janja, Srbinović, odavno su se već nafatirali para, ali šta im vredi kada su povazdan gladni i žedni. Prokleti, ništa drugo.

Čovečnost u njegovom poimanju razlikovala se od našeg shvatanja te varljive i retke osobine, kao nebo i zemlja. Gotovo da je taj pojam kod njega bio iščezao u onom folklornom smislu. Očistio ga je bio od emocija, zamki, rešavao je tu jednačinu onako kako i treba, matematički, bez ostatka. Mogao je nekad ipak da lupi rukom o šank i plati turu, ne bi ga to mnogo koštalo, izbegao bi ona silna ogovaranja koja smo vodili za njegovim leđima, a bez ikakve potrebe.

Eto, taj moj imenjak Bob Srbinović, kad stigoh u Stamford i uselih se kod tih svojih zemljaka, uze me odmah pod svoje i poče da me tetoši. Povede me na kratak kurs obuke u farbanju jer sam do tad u životu svega jednom ili dvaput obojio svoja sopstvena garažna vrata i nekoliko puta na jedvite jade omalao stan. Ta obuka mi je više značila nego sve one ture piva koje je propustio da nam pozove i uzvrati nam čast.

Stigosmo na njegovo gradilište. Zelena kuća na sprat, deset sa deset, u zrelim godinama, othranila i iškolovala decu, videla im svadbe, zapamtila poneku sahranu, uvrežila se u ulici kao stara usedelica, kao poslednji preostali član mnogobrojne familije koja se raširila i na ovom i na onom svetu. Spoljni zidovi kao krljušti neke krupne slatkovodne ribe, obloženi drvenom šindrom koja tek što je ofarbana. Takva je uostalom i većina kuća koje je ovde video. Sve je to Srbinović sam za nedelju dana vlastoručno naneo četkicom koja nije veća od dečije šake. Kad to saznadoh uplаših se tog

95

molerskog posla toliko da bih se odmah prvim avionom bio vratio kući, tamo odakle sam i došao. Gde da sutra to isto ja uradim ovako spor i nespretan, težak i neokretan, to je van pameti.

A te prve lekcije bile su mi tih dana od neprocenjive koristi. Čovek je znao svoj posao, predavanja su mu bila na nivou. Znao je znanje. Nije bio stipsa kod prenošenja svojih iskustava na šegrta. Znao je koje su ključne stvari u poslu, koji su principi na kome on počiva; izložio mi je to doktorski, svaka čast, a ja sam malao, malao i malao onaj komadić kuće koji mu je još preostao do kraja. Za to vreme on je kao veverica, zapravo ona hutija, jedna vrsta pacova koja je uništivši veverice uzela potpuno njihov izgled i vanjštinu (za tu prirodnu prevaru saznadoh upravo od svog instruktora koji je obigravao oko mene i motao se po dvorištu te kuće držeći mi predavanje, i s vremena na vreme uzimajući i sam četku u ruke, izvodeći na trenutak očiglednu nastavu.) Bio je rođeni profesor, u horoskopu znak Raka i po tome smo bili slični.

U kući nije bilo nikada nikoga do kasno po podne. Zaključana je, na prozorima su navučene zavese s ukrštenim ružama koje nikada ne venu, samo je prazna garaža bila uvek otvorena, ili zatvorena, po želji mog instruktora koji je u njoj držao alat, četke, farbe i razne druge trice potrebne za posao. Sve je to iznajmljivao posuđujući s raznih strana. Jednima je vraćao stepenice, a od drugih iste takve posuđivao na par dana; video bi s čim sve raspolaže logistika mušterijinog kućanstva. Zraknuo bi preko plota do komšije, posudio začas neke merdevine. Samo je četka za farbanje bila njegova i nosio ju je u unutrašnjem džepu vindjakne kada bi izlazio u kafanu. S vremena na vreme vadio bi je kao lepezu, kao lulu koju drži strastveni pušač, gladio njen okrugli rukohvat i prevlačio prstima po njenoj prirodnoj grivi. Ne znam da li je tom četkom ikada išta ofarbao ali je ona stalno bila uz njega i pokazivao je na njoj etiketu neke čuvene kraljevske firme specijalnih četaka. Donosila mu je izgleda sreću. Predveče kad smo se spremali da završimo posao predviđen da se obavi tog dana, eto ti u dvorište skreće veliki sjajni bjuik. Radi mu levi žmigavac; dok gospodin Srbinović žuri da otvori ulaznu kapiju, automobil ulazi u širom otvorenu garažu. Izlazi bakutaner u štiklama, dolazi s posla odnekud iz Njujorka. Srbinović je dočekuje kao svojtu, šarmira je na prvom koraku ali ona se brzo rešava tog prvog utiska i mirno ulazi u kuću ne osvrćući se na nas.

Nedelju dana nakon što sam počeo da radim isti posao kod Dejvida Hovleta osvanuo je petak, dan isplate, i bilo je ono; ili, ili! Ako ti pruži koverat sa kešom i zahvali ti se zatraživši od tebe telefonski broj kako bi te pozvao ukoliko se ukaže potreba za dodatnom radnom snagom, to je značilo nisi položio prijemni ispit. Ako ti kaže uručujući ti koverat u kome ima dolara kao tri tvoje plate tamo u Jugi: Dobro došao u društvo pejntera, znači primljen si, za tebe nema više krize ako budeš pametan i setiš se svih korisnih saveta koje ti je nesebično dao Bob Srbinović, tvoj prvi i pravi kalfa i majstor. Zahvaljujući njemu postao si mason.

Danas ćemo ja i ti da operemo šmrkom od glave do pete ovu lepoticu u mom komšiluku a sutra po materijal u market i onda na posao, kaže Dejv gledajući neprestano u susednu kuću, metu mog sledećeg farbarskog zahvata i poslednji posao te sezone, bar što se ticalo mene. Ova kuća je kao i ona na početku na kojoj sam učio prve farbarske poteze bila ista, pljunuta i po visini i po širini. Imale su nešto zajedničko i to je bilo upadljivo! Početak i kraj! Nisam mogao da protumačim šta to znači a Bob Srbinović koji je o takvim stvarima govorio kao da gleda u dno šoljice za kafu bio je već završio svoju misiju u Americi za tu godinu.

Samo nemoj da žuriš s poslom, Bob, reče gazda Hovlet, najmanje četiri dana razvuci posao, papreno sam im naplatio unapred tvoj rad.

DODŽ KARAVAN

Ostavih Dodž karavan, limuzinu staru jedanaest godina, na parkiralištu ispred onog ogromnog belog hrasta koji je rastao na trgu pred našom vestern kućom u vestern ulici Stefani. Zaključah ga, skinuh sa vetrobrana oglas o prodaji na koji se niko ne javi i tako svrših stvar. U avionu na povratku, bi mi žao što ga ne poklonih onim Kubancima koji su se uselili u naš stan, pun pokućstva kao šibica palidrvaca. Kada im poklonih sve to, zašto im ne dadoh i ključeve od kola!

A dugi plavi Dodž, stoji i stoji ispod onog hrasta, padaju na njega kiše, tope se snegovi, opalo lišće gomila se na krovu i haubi dok ga ne otpiri vetar. Kvrcaju žirevi po njegovom limu padajući odozgo na njega kao krupan grad bez kiše. Poneko od suseda zastane pored njega, baci pogled u unutrašnjost koja je prazna kao kutija, ne dotiče ga se ničim, ne ostavlja na njemu otiske svojih papilarnih linija kao da je u pitanju neka stvar s mesta zločina. Oko vozila se ne širi nikakav neprijatan miris, niko se ne raspada u gepeku. Još stoji na sve četiri naduvane gume. Vlasnik je očigledno negde zaglavio; ili je u bolnici ili je na groblju, ili je u zatvoru ili je poludeo, ili je jednostavno jednoga dana napustio sve što ga je do tada okruživalo i s rukama u džepovima krenuo put pod noge, sve iznenada i bezrazložno napustio; kuću, posao, prijatelje, porodicu. Pogledao je to jutro kroz prozor i puklo mu je pred očima, odlutao je jednostavno u potragu za životom koji će osetiti na svojoj koži, na svojim tabanima, u svom skloništu od kartonskih kutija i krpa u nekoj arhitektonskoj pećini pod zemljom ili nad zemljom, u rupama praznih kolektora i ventilacionim otvorima koji ne služe svrsi, u obližnjoj šumskoj kućici za životinje o kojime više ne vode računa.

Retko ko će se setiti iz ulice Stefani da je to limuzina koja je pripadala onim sezonskim farbarima iz Evrope. Doći će oni opet ovde kao ptice selice i odvešće se jednog dana tim autom pošto ga upale na guranje.

Ali prolazi sledeća sezona a plavi Dodž stoji pod onim belim hrastom! Padaju kiše po njemu, dobuju žirevi po njegovom krovu kad se vetar upetlja u onu ogromnu krošnju više njega i nekoliko trenutaka ne zna da izađe iz nje pa huči gore i savija njegove stare grane kao da neko piri u vatru. Bi-bi se već skljokao na jednu stranu i leži na felnama na kojima su još uvek gume. Neko ili nešto razbilo je na njemu zadnju šoferšajbnu. Staklo se razbaškarilo na zadnjem sicu. Neko je otvarao prednju haubu i ona više ne leži na karoseriji kako treba, poklopac se naježio i iskrivio na jednu stranu kao provaljena ulazna vrata kuće. I gepek je nasilno otvaran i vide se tragovi obijanja brave, ono klanje tupim nožem. U njemu je bila velika limena kutija na rasklapanje puna alata, ona što kad se raskrili kao kanjon pokazuje u nivoima ladice i pregrade krcate ključevima, zavrtnjima, kleštima, sitnarijom i gvožđurijom za održavanje, popravke i servisiranje tog automobila. Iz te kutije i njenog raznovrsnog ali ipak ograničenog sadržaja mogao si da saznaš svašta. I da je prvi vlasnik koji ga je prodao nakon deset godina strancu, voleo da sam održava svog limenog ljubimca. Da mu je to verovatno bio poslednji automobil u životu posle kojeg više nikada neće sesti za upravljač niti svog niti tuđeg automobila. Da je prodavši ga pustio čak i suzu gledajući kako ga nepoznati ljudi odvoze iz garaže. Da je uskoro stranac svraćajući na tu adresu i tražeći zbog neke sitne informacije o autu tog čiču od koga je kupio automobil, zatekao u kući u dvorištu druge mlađe ljude koji su mu samo rekli da je prvi vlasnik kuće otišao u neki starački dom čiju adresu na žalost nemaju.

I jednog jutra, starog Dodža karavana više nema, a pravougaonik asfalta na mestu na kome se on nalazio im boju neke sive zakrpe koju prolaznici zaobilaze još uvek, kao iskopanu rupu. Kao da je tu nešto do temelja srušeno i pometeno s lica zemlje. Pa, tri godine je čekao svoje nove vlasnike. Što je dugo, dugo je. Šlep služba prvo je pronašla ime prvog vlasnika ali on je

99

već bio umro u staračkom domu pa se račun od osamdeset dolara spremala da uputi poslednjem vlasniku što je i bilo pravo. Samo on kao da je bio u zemlju propao. Niti ga je bilo širom Amerike, ni u belom svetu; kao da je propao u onaj Bermudski trougao na Balkanu iz kojeg je i došao i kuda se verovatno i vratio. Službenik je na tom potraživanju napisao svoju nedoumicu i pretpostavku. U rubrici region gde bi mogao dužnik da se nalazi napisao je: Bosnien, siva zona, nedostupno američkim poštama; Proslediti dugovanje carini i odelenju za imigraciju, pa kada dotični pruži pasoš na uvid ona će sveznajuća sprava odmah da upozori vlast: pred tobom je lice koje je ostalo dužno državi Americi toliko i toliko dolara, koliko se već nakotilo kamata. Neka sune lovu odmah i u kešu, pa onda neka se tek pusti da kroči na tlo Amerike.

BOING 737

Letimo, letimo, letimo! Prestići ćemo jedan dan na kalendaru pobrkaćemo vreme načas, malo ga zeznuti. Dan će nam trajati duplo duže nego onom svetu dole ispod nas do koga ima devet metara u sekundi; kad se pomnoži sa našom visinom to je hiljadu sekundi pada dok ne udariš stražnjicom o zemlju. Ali matematika mi baš nije najbolja strana, znam samo da bi tu razdaljinu koja nas deli od majčice zemlje pešak prešao normalnim korakom za jedan i po sat.

Pliš sa sedišta Jatovog boinga crven je i izlizan kao ona krpa kojom čistači cipela udaraju završni akord na škarpama, lupaju glanc na cipelama da se na njima možeš ogledati, da se sjaje kao pseća muda! Ljudi su već odavno prošli ovu vazdušnu stazu kojom plovim. Njihovi tragovi svuda su okolo. Vide se i na licima umornih stjuardesa koje su sav taj silni svet pre mene preturile preko glave, preko svog suvog osmeha. Od prvog promotivnog leta do danas prošla je gotovo večnost, ogromno brdo u rinfuzu istovarenih i ispreturanih sati i dana letenja. One su stalno ispred ili iza kazaljki na satu po kojima ih je majka rodila. Ono vreme dole nimalo ih ne interesuje, žive od bezvremena kao bolničarke od smrti. Ritam njihovog života i rada nije više od ovoga sveta. Kreću se kao lutke na žici, govore kao reklamni spotovi. Osmesi su im izlizani kao onaj pliš na kome upravo držiš lakat.

Zakasnio si dobrano da sve to vidiš dok je bilo novo, mlado, odisalo svežinom, dok je imalo čar prvine, dok su svemu tekli tek prvi dani garancije. Ti si onaj koji dolazi posle svega toga, negde si u pretposlednjoj turi kome se ipak na kraju ukazuju i ovakvi puti i bivaju mu dostupne i ovakve staze.

Ideš preko bare, sad kad su već svi koji iole nešto znače sebi i drugima na ovome svetu, bili tamo. Kasniš, momak, negde od dvanaest do petnaest godina kad ti se zagledam u kazaljke. Kunktator si. Sporo variš stvari. Na kraju ipak se odlepiš iz one žabokrečine koju se spremaš da napustiš od kako znaš za sebe. Pokušavao si nekoliko puta ali nije išlo. Držalo te je ono mesto kao da ti je neko tamo soli na rep stavio. Odlazio si i još brže se tamo vraćao. One koji su u tome uspeli pre tebe dočekivao si leti kad bi dolazili iz belog sveta u posetu zavičaju, kao nadljude, višu rasu. Stajao si im na usluzi, pravio im beskrajna društva, zavirivao u gepeke i pod haube njihovih limuzina, zagledao etikete na njihovim košuljama, čitao natpise s njihovih majica, sricao marku džinsa koji su nosili, dobijao od njih poneku sitnicu na poklon, kupovao ponešto od nekog i onda u jesen kad su odlazili u inostranstvo, ostajao sâm vezan lancima za zavičaj, bez povoda i razloga da odeš ikud. Naprotiv, korenje se sve dublje i dublje puštalo: ljubav, brak, deca, vikendica, stari roditelji, dobar posao. Kukavičluk je bilo ostati tu gde si se rodio, na kraju krajeva i u neku ruku to je i nezdravo i za čoveka i za njegovu okolinu. Videće to kasnije kad s mukom bude raskidao jedan po jedan one pobrojane lance koji su ga još jače vezivali za zavičaj. Niko nije pop u svom selu a ti si pretendovao oduvek da budeš neka vrsta propovednika. Tvoje propovedi samo čekaju da stanu među tvrde korice. Kako li će se zvati ta knjiga koju dugo, dugo pišeš, kao što dugo, dugo već sediš u ovom avionu, lagan, slobodan, spreman da se bez ikakve bojazni i sunovratiš s ovim društvom oko sebe u okean pa da bar umreš daleko od rupe iz koje si pobegao načas ali u koju ćeš se, to je sigurno, vratiti. Letimo, letimo, letimo!

VAMPIR

Jedan moj zemljak, takođe farbar u Stamfordu, ali koji je menjao gazdu za gazdom i nikako nije mogao da se skrasi radeći u jednoj ekipi, Red Gaćeša, primio me je poslednji mesec na stan u ulici Brod Strit nedaleko od naše vestern ulice i vestern kućice s kojom sam se oprostio kao sa živim stvorom, živim bićem i čeljadetom. Ovo je bio rep široke i duge ulice koja je presecala u svom srednjem toku centar Stamforda kao prava pravcata avenija. Ali moja nova kuća sem što je bila sprat, dva viša, takođe je odisala starinom. Bile su na njoj dograđene protiv-požarne železne stepenice koje su išle cik-cak u visinu i nalazile su se na stražnjoj strani kao neka veštačka vilica u ustima i zubalu starice Amerikanke. Mora da je i ona pamtila onaj građanski rat između Severa i Juga, ono Prohujalo sa vihorom, ili ono otcepljenje kada je ovo bila samo jedna od sijaset engleskih kolonija širom sveta; onu revoluciju koja se desila kao teatar na ulici, kao pozorište na otvorenom. Ali ne verujem da je bila toliko stara, mada svašta može biti kada je u pitanju drvo od čega su uglavnom i sagrađene ovakve građevine. Možda je ipak bila svedok onog pobedonosnog marša kada se ta Nova Engleska odvojila od stare majke kao suparnica, kada je se rešila još za života i odrekla je se a u toj celoj halabuci poginuo je jedan jedini pobunjenik i eno mu spomenika čini mi se negde u okolini Stamforda na bivšem poprištu te bitke za otcepljenje. Ne verujem da je kuća u kojoj smo stanovali zapamtila to prvo opštenarodno veselje, da je s njenih prozora letelo guščije perje rasporenih jastuka koji su žrtvovani u čast te pobede i mahalo se novom zastavom s najvišeg prozora, na smenu, jer su mnoge ruke bile pružene ka njenom jarbolu. Zastava je bila crveno-bela, kao zatvorske rešetke koje su prerezane u gornjem desnom uglu da se kroz njih čovek može provući u pravcu tog komadića nebeskog plavetnila na kome je tad sijalo samo nekoliko zvezdica. Kuća je pripadala ipak malo kasnijem periodu i po izgledu i veličini bila je ona gradska starinska kuća za koju nije bilo mesta po provincijama. Upoznao sam jednog dana i vlasnika te kuće. Ni nalik onom našem hladnom i uštogljenom gazdi Gaju Sutonu, koji je bio učtiv i predusretljiv. Ovaj je bio poreklom Južnoamerikanac ali beo i bled, direktni potomak konkvistadora, ona istanjena grančica na vrhu te loze u kojoj više nema soka, a samim tim, ni rasta ni budućnosti. Stariji čovek bednog izgleda i s francuskom kapom na glavi kao hadžija, kao neki muhamedanac. To mu je verovatno bila prva, jedina i poslednja kuća u životu i držao se nje kao utopljenik za slamku. Primetio je novog stanara, zamislite, u onoj gužvi i šarenilu sve one silne raje koja je kao i mi naseljavala tu stambenu ruinu. Primetio je svojim dugim i svakodnevnim osmatranjem, stojeći ispod nekog drveta na drugoj strani ulice da u njegovu staru hraniteljicu svakodnevno ulazi jedan slepi putnik. Zapazio je jednog prekobrojnog stranca kako se razbaškario u njegovoj kući u koju je bio uložio svu svoju životnu ušteđevinu u Americi i tako sve stavio na kocku i u ruke sumnjivih i nehajnih podstanara. Primetio je i taj stanar njega i znao je za takve gazde iz zavičaja i pamtio njihove ljubavne poglede upućene svojim memljivim zidovima iz kojih cede pare. Ovaj mora da je poslednjim vozom došao u Ameriku i još se dobro seća blata iz koga se iščupao.

Odudarao je od strančevog poimanja Amera i taj nedostojni izgled vređao je njegovu holivudsku predstavu o stanovnicima Novog sveta. To ga je zbunjivalo s vremena na vreme kad se susretao slučajno s nekim ko je imao tamo u njegovom zavičaju fizičkog dvojnika, manje il' više uspelu kopiju, jedan te isti fizički prototip. Ponavljaju se ista lica, neko reče. Ko dovoljno dugo poživi i o takvim stvarima počne da razmišlja nemajući prečeg posla, uoči tih desetak tipova faca, ništa više, i sve one moguće kombinacije koje su matematički izračunljive što daje tih nekoliko precenjenih delova tela: oči, nos, uši, čelo, brada, jagodice. Stas i oblici kao i proporcije koje su ono nešto u svemu tome, to je sasvim nešto treće. Tu smo još u većoj stisci, numerisani smo kao vindjakne ili dukserice: malo, srednje, veliko, superveliko, ono sa dva, tri iksa. Ali o licima je reč o onom što tamo kod nas kažu kratko: lice prodaje pice! A tržišna ekonomija otkriva tek sad, dakle nije reč o bordelu, nego o pakovanju robe, o odelu koje čini čoveka što je i razumljivo, i o njegovoj glavi, onom njenom prednjem delu naročito. Naši pogledi su strogi, usta i čeljusti su napeti kao da će sledećeg trena nekog ugristi. Neprijatno je i taksisti koji nas vozi na mestu suvozača, pa se smeši i započinje opuštajući razgovor sa strancem a gori od želje da sazna iz kog rezervata i iz kojih nedaća putnik koga upravo vozi, dolazi u njegov taksi. Oseti te presudne trenutke koji se lome na namrgođenoj mušteriji i onu uzbudljivu egzotiku koja mu je odjednom hrupila u taksi, a nagledao se već svega i svačega. Ovo ga podseća na sopstvene korene. Ove crte napete kao luk strele, ova maljavost po licu koja duplo brže tupi najmodernije žilete iz jednog komada, ona budnost i oprez predaka u šumi, posle koje je ostalo na licu tog stranca a i većine koja dolazi iz tih nigdina, jedno oko uvek malo veće od drugog, za nijansu spuštenije i dublje u očnoj duplji kao neka rezervna automobilska guma.

Svet je, siguran sam, demantovao one prognozere našeg izgleda u budućnosti: one vizije Marsovaca koje niko nije video, onih malih zelenih sa sitnim telima i velikim vodenim glavama. Stvar se u tom smislu kotrlja u drugom, poželjnijem pravcu. Glave se naprotiv smanjuju, ne baš volumenom, ali vizuelno da; anfasi se dovode u red na račun profila koji se rastežu. Lobanje dobijaju onaj gotski izgled a još generaciju, dve pre toga imali smo dominaciju onih rimskih lica i glava, širokih kao stari kovani novac koji je sada samo numizmatska vrednost. Takva jedna iskopana faca uz to još prekrivena odozgo, zamislite, francuskom kapom, banu jednom pred mene upravo kad sam se spremao da se popnem do našeg stana onim protivpožarnim stepenicama. Bio sam uhvaćen ispod rodnog drveta u tuđem voćnjaku s rukom u kojoj se nalazila još neubrana i neotrgnuta jabuka.

– Vi stanujete tu – reče vlasnik i čuvar voćnjaka.

– Ne – samo idem u posetu, slaga nesrećni berač tuđih jabuka.

– Ja sam vlasnik kuće.

– Drago mi je – reče uljez i spusti ruku s ploda tuđe jabuke.

Zaboravih da se u posetu prijateljima ne ide u radničkoj beloj bluzi umrljanoj svežim bojama od kojih su neke poprskale kosu i lice, prašnjav od celodnevnog struganja plafona, znojav, s radničkim rancem na leđima, u patikama na kojima se isto tako nalaze gotovo sve dugine boje; nema dvojbe od glave do pete, to je farbar koji ide s posla i svega je tridesetak stepenica od tuša i tople vode koja se sliva niz lice, niz prsa i leđa i obavija obe noge i spira dnevni umor koji u vrtlogu ističe nekud iz kade, kroz njen metalni pupak.

– Možemo se dogovoriti oko kirije – reče.

– Morate videti sa Redom – odgovorih.

– OK – reče čuvar i ljubitelj zidova onome kome su zidovi već došli do guše i oni u kojima je živeo i oni oko kojih se mučio po vasceli dan.

Nije mi više pravio probleme. U stvari, problem sam napravio ja, bolje reći taj Red, Rade ili Radojica Gaćoša, inače momak na svome mestu. U tom stanu je živelo još dvoje, troje Jugovića pa je dogovor bio da u kiriji učestvujem sa svojim delom koji je svima umanjivao visinu rente za taj mesec. Jeste, ali taj moj deo nije dospeo u ruke gazde u francuskoj kapi već su ga moji domaćini podelili između sebe na ravne časti. Na kraju, njima sam umanjivao životni prostor a ne onom kibiceru ispod drveta, vlasniku zgrade.

Šta je dalje bilo, ne znam, oni su ostali a ja sam sledeći mesec odleteo za Evropu, odnosno za Jugu. Sve se desilo obrnuto. Trebalo je da ja ostanem a oni da se vrate. Kako su samo kukali za familijama, rasturala ih je nostalgija ali su ostali i eno ih još tamo. Ja sam se osećao naprotiv, kao riba u vodi, gotovo da pomislim da svojim bračnim, roditeljskim, prijateljskim i ne znam kakvim vezama, da s mojim lokalpatriotizmom i ko zna čime sve još ne, nešto nije u redu! Osećao sam se kao onaj Dalaj Lama koji se reinkarnirao i kroz drugo biće opet došao na svet. Neko je kroz mene opet ugledao svetla Amerike, neko ko se šunjao oko mene otkad znam za sebe. Stalno sam vikao Amerika, Amerika, već su ovakve kao mene počeli da izbegavaju i smatraju ćaknutim. Za Ruse, dole se nekad mogla zaglaviti debela robija. Mogao te je nečiji pogled na svet dobro strefiti i udariti po glavi. O Americi si mogao da trubiš koliko te volja; bio je to sinonim za onu slobodu koja ne postoji nigde, ako je ne nađeš u svojoj vlastitoj tikvi. Dole su simpatisali od vrha do dna Zapad, ali su vladali ljudima kao Rusi, bez obzira što su ih se na rečima odricali. Zato si tamo mogao do mile volje da se diviš zapadnim vrednostima dok ne naletiš na neku tvrdokornu, ortodoksnu budalu u školi, na poslu ili u vosci. Oseti da se kosiš sa njenim istočnjačkim pogledom na svet i jaoj se tebi od smicalica i zajebavanja. Pljušte kečevi, nema napredovanja na poslu, nema odlaska na odsustvo iz vojske. Ceo život te takav neko prati i zagorčava ti dane. Ovaj te uhvatio kako bespravno ulaziš u njegov posed, smrklo ti se pred očima, čovek ti je totalno oduran jer si licemer i na kraju; nudi ti pogodbu, skoro ti se izvinjava, treba cveće da ti donese na rastanku.

Sve mi je tamo nekako bilo poznato, nekako već viđeno, po mojoj meri skrojeno; to je poligon da se iskažem u svemu, nema šta. Ali vraga, ona polovina mene uvaljena negde duboko u sopstveno zamršeno korenje povuče me na onu glogovu granu na kojoj evo i danas sedim, a ona je istina već toliko odebljala ispod mene da bi se od nje mogao istesati pravi pravcati glogov kolac i zabiti u srce svakom pa i najvećem vampiru na ovom svetu da se više nikad ne digne noću iz groba i šara okolo pijući krv jednoj po jednoj žrtvi koja se zatim pretvara u njegovog vernog podanika i eno ih već ima, ne jedna cela masovna grobnica, već polovina sveta i koji vampir pride, tek da prevagne ovaj život na onu đavolsku stranu jer drugačije valjda i ne može biti.

RASTANAK

Za moj poslednji posao te sezone u Stamfordu u Americi u državi Konektikat, koji je započeo ponedeljkom popodne onim silnim mlazevima vode kojim sam šarao po stranicama kuće kao vatrogasac koji gasi nevidljivi požar, a završio se u petak nekom vrstom primopredaje posla debelom gazdi, vlasniku kuće koji se gegao pri hodanju kao neka kuglaška kegla koja hoće, neće pasti. Čova je imao onu kupastu debljinu, danas retko vidljivu, onu debljinu statista iz drevnih filmova koje je znao da zamajava i nasamaruje veliki zajebant Čarli Čaplin. Ta primopredaja izvršena je u petak po podne i podrazmevala je malu zakusku i obavezno divljenje sveže obojenom licu kuće na kojoj je vijorila američka zastava: One provaljene rešetke iza kojih je neko strugnuo kroz komadić četvrtastog noćnog plavetnila gusto posutog zvezdama. Bio je to moj poslednji radni dan na novom kontinentu, u Nord Americi. U ponedeljak sam već leteo natrag preko bare u onom euforičnom raspoloženju svetskog putnika koji ide na zasluženi odmor da bi u proleće, s prvim lastama, opet

doleteo u Stamford na istočnu obalu u svoju novoot-
krivenu bazu i ponovo zasukao rukave obavljajući ča-
sni farbarski zanat koji, istina, malo ravna vijuge ali
zauzvrat donosi lovu.

Doći ću dogodine ponovo i sve će biti kao što smo
se već dogovorili, rekoh Dejvu na rastanku primajući
iz njegove ruke onaj debeli bankovni koverat pun is-
peglanih zelembaća od kojih se kao nikad do tada na-
dula koverta. Doći ću ponovo u proleće uveravao sam
nekog trećeg u to ko se uopšte nije nalazio ni u blizini
nas. Dejv je samo dizao pogled prema nebesima i
sklapao ruke na prsima pretvorivši se na tren u čoveka
koji stoji pred nekom velikom nepoznanicom i skršta
ruke upućujući to kategorično obećanje koje sluša, to
da će se stranac dogodine ponovo pojaviti na istom
mestu, negde gore odakle je trebalo da se jednog dana
pojavi Isus Hristos na svom drugom dolasku među
ljude.

Šta mogu nebesa tu da učine kada sam ja čvrsto
odlučio da od sada pa dok se bude moglo i dok se
bude živo i zdravo svake sezone ubuduće dolazim u
Ameriku. Živeti na dve, tri tačke zemaljske kugle drže-
ći ih stalno u šemi kao neki zatvoreni trougao na ko-
me počivaš kao sfinga na vrhu piramide; to bi bio
geometrijski izraz tog novog i srećnog životnog puta.
To se dalo čak i nacrtati kao talisman. Stalno uselenje
koje su mi nudili moji poslodavci i američki domaćini,
nije mi se činilo prihvatljivim. Moj neki predak mora
da je izmislio onu mudrost: svuda poći, svojoj kući
doći. A kada ostanem dole i bez kuće, biće kasno za
kajanje. Onaj balon koji me je nosio preko Atlantika,
nikako da sleti na moju livadu pa da se ukrcam u nje-
ga i kažem najzad ovoj raji oko mene: ćao!

Doći ću dogodine Dejv, da ponovo skupa radimo,
tvrdio sam uporno a zaista sam u to bio ubeđen do
poslednjeg atoma svoga tela koje je postalo vitko, s
koga se istopilo ono suvišno salo i ostali samo kost,
koža i mišići na koje sam već bio zaboravio jer odav-
no više nisam dizao ništa teže od kašike. Sad su se na-

zirali oni probuđeni bicepsi i tricepsi na rukama čiji sam obim nekada merio bildujući s momcima iz ulice u teretani koju smo sami napravili u podrumu naše stambene zgrade. Uzurpirali smo vešernicu u koju nikada nijedna domaćica i pralja nije ušla niti imala nameru da ikada uđe. Noću smo iz fabričkog kruga pilane rasturili jedini rudarski vagon na kome su nešto prevozili tamo-vamo; od vagonskih točkova napravili smo tegove. Ujutru stražara su pitali šta to bi sa vagonetom noćas, a on je samo slegao ramenima i krstio se. Saboteri su se svačim služili da podriju izgradnju socijalizma, da u točkove razvoja gurnu neku stvarčicu koja će da načini lom. Točkovi vagoneta još su dugo ostali parkirani na sigurnom, na sasvim drugom koloseku o kome onaj radni narod i narodna milicija nisu imali pojma da postoji. Čuj, dizanje tegova, koja ludost u zemlji težaka gde ima valjda sto čuda prečih da se potežu i da se zbog njih naprežeš i prolivaš znoj. Uzgred, napravili smo pravu pometnju formiravši tu teretanu od priručnog materijala. Svlačionice lokalnog fudbalskog tima ostale su bez vrata koja su sad bila one krive klupe na kojima vežbaš trbušne mišiće; usred dana neko je iz osnovne škole, iz fiskulturne dvorane, rasklopio švedske stepenice i s njima klisnuo negde u visine.

Sad se ti uspavani mišići opet pojavljuju na rukama i prsima i rastežu zelenu majicu američkih vojnika koju nosi stranac kao neki ratni veteran iz Vijetnama. Na prsima je raširio krila onaj gologlavi orao, beloglavi sup, ptica koju za svoji simbol uzeše svi Ameri, uz to na strancu je i onaj prteni opasač sa sjajnom sponom koji je stastavni deo uniforme svih rodova američkih soldata. Nosi neke sivomaslinaste pantalone koje bi mogle proći kao deo oficirske garderobe a u džepu mu je Zipo upaljač koji se ne gasi ni na buri od deset bofora i razume se Kamel filter, tvrdo pakovanje. Stranac je uz to kratko ošišan kao da ga je kroz svoje ruke propustio berberin iz Pentagona i kako ga ne bi u Stamfordu, gradu željnom vojske, presretali prolaznici i znatiželjno pitali: Vi ste vojnik zar ne? Vraća li se to opet onaj zdravi snažni duh na ove oskrnavljene, razjebane, od dobra pobesnele prostore! Pa kada ugledaju da je strancu oko vrata i ona ogrlica od metalnih kuglica koja se obavezno mora strgnuti s mrtvog vojnika posle bitke kako bi se uz pomoć one metalne pločice kasnije izvršila identifikacija mrtvog druga koji samo tren, dva pre toga beše živ i zdrav i pade za veliku zemlju ćelavog orla, niko ih ne može razuveriti da pred sobom ne vide pravog pravcatog vojnika.

Dejvidu Hovletu ne sviđa se ovaj strančev poslednji imidž ali mora da ga negde u dubini duše i on odobrava kao i oni prolaznici koji s naklonošću klimaju glavom dok se mimoilaze s ovim vojnikom koji je pao s neba. Dejv je pacifista i čuo je od njega kako vojnike jednom naziva imenom njihovog radnog mesta u Bibliji; tamo se te zanatlije smrti zovu psi rata! Još malo će postati pop ali voli da zauzme bokserski gard i da sa strancem ukrsti pesnice glumeći tren, dva pravu borbu. Njegova građa, ona zdrava nabijenost srednjeg rasta, koja je stamena, ono ravno sigurno lice za koje se mora imati simpatije, ona okretnost i spretnost, pokazuju da je on u genima borac, fajter, potomak pionira Zapada gde nije bilo milovanja. Videlo se to na poslu kada bi nešto zapelo, onda je Dejv kretao kao buldožer napred. Neka situacija na tren ga je izbacivala iz te blagonaklone ravnoteže s kojom se odnosio prema svemu i svakome, u momentu je nestajalo onog stalno prisutnog hrišćanskog milosrđa, pa bi ciknuo kao zverka. Tad bi mu u trenutku zasijale oči, stegle mu se čeljusti, ruke ukrutile i stegle pesnice; izašlo bi u tom momentu ono nešto vulkansko iz njega što je jedino nekada ovde krčilo puteve, što je osvajalo ovde sebi životni prostor i prosecalo staze. Ali vrtoglavom brzinom vraćao se u svoju jagnjeću kožu u svoj pastoralni i misionarski habitus. Postao je pravi sin Gospodnji, njegov sledbenik, razume se, koji se uvek stavlja na stranu slabih i ugroženih. Zamalo da načini neko veliko čudo naočigled svih, da nešto ogromno pomeri jednim prstom, da dodirom blagoslovi svakog i probudi ga iz letargije, da oprosti nešto što na prvi pogled niko ne bi, da toleriše sve živo osim nerada, nepoštenja, neverstva, krivokletstva, laganja, nasilja nad slabijim, pohlepe i grabeži prema tuđoj imovini ali istovremeno da za sve to, na kraju krajeva, ima ono razumevanje kao niko od nas. Samo što nije već na naše oči uzeo u zaštitu onu preljubnicu koju su već počeli kamenovati, pa dreknuo na progonitelje: neka se baci kamenom samo onaj koji nije nikada ništa zgrešio. I kamenje prestaje da leti sve do jednoga, sve do onog najmanjeg kamička koje baci neko slučajno prisutno dete. Kamenice su prosto vezane za zemlju, nema bića zbog koga bi ih mogao odlepiti od zemlje rukom čoveka, kao da je odjednom januar i suva zima pa ga je mraz vezao za zemlju.

A psi, povodom svega toga napadaju li, napadaju našeg Svetog Savu koji na svome putu u Raj prolazi onom ukletom srpskom pokrajinom Kosovom gde se nekada zbila čuvena bitka koja je do danas ostala bez pobednika. I kad se taj naš svetitelj saginje da sa zemlje uzme kamen i otera besne pse koji ga napadaju na njegovom putu, ni tamo se kamenje ne da podići i iščupati sa zemlje. Taj Svetitelj onda kaže onu poznatu kletvu koja i do dana današnjeg prati taj kraj, prosipa je kao kantu vrele vode na led: Neka je prokleta zemlja u kojoj je kamenje vezano a paščad odvezana. Dejvidu Hovletu sam jednom pričao tu anegdotu objasnivši mu ko je ko u toj legendi i gde se ona dešava. Čini mi se da nije našao razumevanja za taj postupak i za te reči koje je nepoznati svetitelj tad izrekao prolazeći kroz svoju zemlju u kojoj su ga napala razna zla.

Sad je Dejv Hovlet pružao ruku i stisnuo muški strančevu šaku. Vrata plavog fordovog kombija koji ih je zajedno vozio iz operacije u operaciju s jednog gradilišta na drugo, od kuće u kojoj im se nalazio privremeni krov nad glavom i natrag u njihov ovdašnji krov koji će uskoro napustiti, bila su otvorena i motor je radio na leru, a vozilo parkirano ispred one ruine s protivpožarnim stepeništem u Brod Stritu odakle će stranac već u ponedeljak da digne sidro.

Vidimo se sledeće godine, rekoh. On opet moju po ko zna koji put već rečenu tvrdnju prosledi pogledom na nebesa i s usana mu pročitah bezglasno izgovoreno ime sina Gospodnjeg koga je na samom rastanku pomenuo nekoliko puta pre nego što je žurno seo za volan svog *vena*, zalupio snažno vrata i krenuo, uletevši u saobraćajnu traku kao metak. Strančev pogled se zakačio za registarsku tablicu kao za one konzerve na konopcu koje vuku upravo venčani; gledao je u zelenu registarsku tablicu koja se zajedno s kombijem brzo udaljavala i postepeno smanjivala kao ona slova na testu za vid u lekarskoj ordinaciji na nekoj karti obešenoj na belom zidu:

Jesus Christ
427-92A

Jesus Christ
427-92A

Jesus Christ
427-92A

Jesus Christ
427-92A

POVRATAK

Odlaziti i vraćati se, putovati nekud iz svog gnezda, kakvo je takvo je, i leteti nazad u njega ptićima otvorenih kljunova i ženki koja bi i sama da protegne krila ali čeka zamenu, to su, razume se, dve sasvim različite stvari. Odlasci, to su ona braća zavađena do noževa, to je onaj sin razmetni koji odlazi iz doma oca svog da bude tuđi sluga. A povratak, to je pomirenje, to su one suze sina razmetnog i ona fešta koju otac priprema ovčici koja se vratila u stado. Tad padaju na pamet one dosetke skitnica i dokoličara: svuda poći svojoj kući doći, one mudrosti; isti je život na svetu svud; one želje da se ipak skonča na rodnoj grudi. Opet se leti, leti i leti, ali sad čini mi se iz mraka u dan. Jutro je već nad starim kontinentom na kome nema šta se nije izdešavalo, kakva se čuda nisu pojavljivala. Prizor izgleda kao raskriljen atlas koji s kraja stola osvetljava svetlost lampe u zoru. To je pogled koji vide kosmonauti na svom prvom koraku od Zemlje, to je svakodnevna panorama koju posmatra avijatičar koji sleđa u plavoj košulji kratkih rukava zavaljen u komandnu fotelju avionskom kokpitu, liči putniku, čiji pogled ulazi kroz odškrinuta vrata kabine kao da će kidnapovati avion prislonivši pucu iza uva kapetanu aviona, na jednog njegovog tetka, teču koji živi u gradu gde će avion da sleti.

Avijatičar i teča postadoše tako čarolijom očiju i uma, jedna ličnost. Putnik tad prvi put oseti nesigurnost i neizvesnost. Pomisli na preteću nezgodu, na grešku koju će načiniti pilot koji se već dobro nalio viskija. Taj pilot koji je u stvari bio pilot-teča.

Jedan takav stanovao je u soliteru u Beogradu u ulici Jurija Gagarina, onog kosmonauta što je prvi obleteo svet, i teško ga je bilo naći kod kuće. A i kad je taj avijatičar na interkontinentalnim letovima boravio u svom domu ili je spavao ili je bio u nekom čudnom stanju somnabulizma, čovek-mesečar u punom smislu reči. I tako moj teča, policijski inspektor u penziji, prvoborac, aktivista mesne zajednice za uređenje okoline, besposlen pop od svoje trideset i treće godine kada ga smenjuju u nekim čistkama, krsti jariće i odluči da lično porazgovara o problemu ozelenjavanja sa rečenim avijatičarem, nevidljivim i neuhvatljivim komšijom. Treći, četvrti pokušaj urodi plodom, dođe teča odozgo od avijatičara dobro pod gasom, miriše na viski, ćuti i ništa ne progovara samo se smeška kao da je otkrio i ima u šaci kolovođu neke već dugo pripremane opasne zavere koja ugrožava sam vrh države. Nije više nikada spomenuo avijatičara ni avione a kako se

113

nastavilo sa ozelenjavanjem, ne znam. Čuo sam samo jednom od tetke da je onaj dan u pilotovom stanu palo obećanje da će već sledeće nedelje toj akciji biti pridodana prava i vredna donacija: nekoliko palmi iz Australije! Ne vidim ih da rastu nigde oko tog solitera a prošlo je bogami od tad podosta, mogli su već da se vinu fino u visinu!

E sad, čovek gleda ispod sebe još uvek ravnu ploču, ni govora da je Zemlja okrugla, to se vidi iz viših svera na kojima je bio onaj kosmonaut Gagarin i mnogi drugi. Ali i ovo je već šok posle onog šoka da avionom upravlja pripiti teča. To dole je polovina neke zapadnoevropske države kao kad se otvori poleđina tranzistora da se u njega ubace baterije. Neko je dole razmestio delove kako treba, povezao ih u strujno kolo, radila je lemilica, fabrički kompleksi su kao grupe otpornika raznih boja, transformatori su veliki silosi i rezervoari u nizu, putevi su šema koja sve to povezuje najracionalnije i u više paralelnih smerova. To ima smisla, bogamu, to liči na nešto kao na robota koji je legao da spava i evo sad malo-pomalo oživljava, pulsira, ali se nikud neće pomaći jer je kao Guliver privezan dobro za majčicu Zemlju. Samo nigde čoveka, sitan je suviše da bi se video sa ove visine a on je ta glavna čestica dole kao onaj duh nad vodama što lebdi još od prvog dana stvaranja sveta.

Reka se pruža kao crta koju je povuklo predškolsko dete po slici na tuđem udžbeniku, po knjizi starijeg brata. Putevi i pruge: to je već viša geometrija kao da je neko odavde sa ove visine držao redis pera, šestare, trouglove i završavao posao. Dalje pružaju se fazonirane oranice, ravno odrezani komadi šuma kao pita od zelja kojoj je malo prumenela kora, leže nedirnute planine. Ostalo sve je u šemi, svetluca pod prvim kosim izlazećim suncem kao s japanske zastave, sve je išrafirano dugim, lakim senkama a tu i tamo je neko naselje natkrila duboka senka neke visoke i strme litice pa se još nije razdanilo u tom mrakodolu. Da su se izmakli malo dalje i tu udarili temelje svome nase-

114

lju, imali bi već osunčan grad. Ali ne, oni već ko zna od kada i ko zna zašto, žive u toj senci privučeni strmim masivom nekog planinskog venca koji se tu naglo završio kao da je odsečen sabljom.

Kako letimo južnije ta tranzistorska ploča i precizna mehanika prelaze polako u sve gušće i gušće zelenilo među kojima su naselja koja su nikla kao ono zrnevlje koje je Hristos nasumice i slučajno bacio u trnje. Tu se putevi mimoilaze kao dva zavađena suseda koji okreću jedan od drugoga glavu. Šume i livade prepliću se kao u iskrivljenom ogledalu i bore se za prevlast na terenu. Međe krivudaju i nadimaju se ljutito uvek na štetu jednog ili drugog suseda. Tu i tamo ponešto liči na one delove s tranzistorske ploče nad kojom smo do maločas leteli; kao da je neko započeo onaj isti posao crtanja šema, ravnanja krivih linija, razmeštanja razbacanih stvari, ali je zbog nečega odustao i digao ruke od svega. Tu ćemo za koji trenutak sleteti i prizemljiti se kao u nekoj golemoj nuždi zbog koje iznenada sleduje to prinudno spuštanje. Dole na pisti tek će se sve to pretvoriti u neopisivu radost povratka kući u zagrljaj i poljupce koji su iskreniji od svega na svetu.

SADRŽAJ

Izdavačko preduzeće
RAD
Beograd, Dečanska 12

*

Glavni urednik
NOVICA TADIĆ

*

Lektor i korektor
MIROSLAVA STOJKOVIĆ

*

Priprema teksta
Grafički studio RAD

*

Za izdavača
SIMON SIMONOVIĆ

*

Štampa
Sprint, Beograd

CIP – Каталогизација у публикацији
Народна библиотека Србије, Београд

830-32

КРНЕТА, Рајко

     Farbari / Rajko Krneta ; roman. – Beograd : Rad, 2000 (Beograd :
Sprint). – 117 str. ; 21 cm.

ISBN 86-09-00682-4

www.ingramcontent.com/pod-product-compliance
Lightning Source LLC
La Vergne TN
LVHW051135080426
835510LV00018B/2427